ORHAN PAMUK'UN CEVDET BEY VE OĞULLARI ADLI ROMANINDA ANLAM ARAYIŞI

PSİKOLOJİK BAĞLAMDA İÇERİK ÇÖZÜMLEMESI

Birinci baskı: 2003

İkinci Baskı: 2005

Üçüncü Baskı (e kitap): Ağustos 2021

Yazan

Yusuf Solmaz

Not: Anlam arayışı üzerine tez çalışması olan bu kitabın birinci baskısı Phoenix yayınları tarafından 2003 yılında, ikinci baskısı Babil yayınlarınca 2005 yılında yapılmış, 16 yıl sonraysa yazarı tarafından düzenlenip e kitaba dönüştürülmek suretiyle üçüncü kez yayın hayatına girmesi sağlanmıştır.

4

Yusuf Solmaz, 1964 yılında Yozgat'ta doğdu. İlk, orta ve lise eğitimini burada tamamladı. 1984 yılında Ankara Üniversitesi, Eğitim Bilimleri Fakültesi, Eğitimde Psikolojik Hizmetler Bölümü'nde lisans eğitimine başladı.1988-1990 yılları arasında Mardin Rehberlik ve Araştırma Merkezi'nde psikolojik danışman (rehber öğretmen) olarak çalıştı. Değişik illerde ilk ve orta dereceli okullarda psikolojik danışmanlık görevine devam etti; 2004 yılına kadar, yaklaşık on yıl Kalaba İlköğretim Okulu'nda görev yaptı. 1990 yılından itibaren Öğretmen Dünyası, Abece, İnsancıl, Güney Sanat, Öküz, Ördek, Kül, Cumhuriyet gibi kimi dergi ve gazetelerde makale, deneme, öykü türünde yazıları yayımlandı. 1998'de askerliğini Adıyaman'ın Gerger ilçesine bağlı Köklüce Köyü'nde asker öğretmen olarak tamamladı. Askerlik dönüşü, yarım bıraktığı yüksek lisans çalışmasına tekrar döndü. Ankara Üniversitesi, Eğitim Bilimleri Fakültesi, Eğitim Programları ve Öğretim, Güzel Sanatlar Eğitimi alanında sürdürdüğü yüksek lisans çalışmasını 2002 sonbaharında tamamlayarak mezun oldu. Halen Ankara'da Faruk Verimer İlköğretim Okulu'nda psikolojik danışman olarak görev yapmaktadır. Kitapları; Elveda Panco (Faklı Açıdan Sait Faik Abasıyanık) biyografik roman, Orhan Pamuk'un Cevdet Bey ve Oğulları Romanında Anlam Arayışı (Psikolojik Bağlamda İçerik Çözümlemesi), Kurtlar Vadisi Çocukları (Basında Kurtlar Vadisi ve Osman Sınav) (İnceleme), Manken Atölyesi (Öykü), Adı Sibel'di Ponponumun (Öykü).

Teşekkür

Bu çalışmayı tamamlamamda bana güç veren, rehber olan öğretmenlerim Doç. Dr. Sedat Sever, Prof. Dr. Cahit Kavcar, Doç. Dr. Müge Artar, Prof. Dr. Üstün Dökmen'e... Görüş alış verişinde bulunduğum meslektaşlarıma... Kütüphanesindeki kitaplardan yararlanmamı sağlayan psikolojik danışman ve drama eğitmeni Nurcan Özteke'ye... Son müsveddeleri gözden geçirerek düzeltme çalışmalarında yardımlarını esirgemeyen Türkçe öğretmeleri, değerli arkadaşlarım Haydar Seçkiner'le, Necla Bircan'a bir kez daha teşekkür ediyorum.

İÇİNDEKİLER

Önsöz Yerine

BİRİNCİ BÖLÜM

1. Cevdet Bey ve Oğulları Romanının Temel Sorunsalı Olarak İnsanın Anlam Çağrısı

2. Sanat Psikolojisi ve İnsanı Anlamanın En Güçlü Araçlarından Biri Olarak Sanat

3. Anlam Arayışı Bağlamında Sanat ve Sanat Eğitimi

4. Anlam Konusunda Olası Sanatsal Araştırmalar ve Çalışmaya Özgü Terimler

İKİNCİ BÖLÜM

I. Erkek Karakterler

1. Cevdet Bey

2. Nusret

3. Ömer

4. Muhittin

5. Refik

6. Osman

7. Ahmet

II. DİĞER ERKEK KARAKTERLER

1.Tüccarlar

2.Milletvekilleri ve Müteahhitler

3.İnkılapçı Bir Yazar: Süleyman Ayçelik

4.Asker Bir Karakter: Ziya

5.Alman Bir Karakter: Herr Rudolph

III.KADIN KARAKTERLER

1.Mari

2.Nigan Hanım

3.Perihan ve Nermin

4.Ayşe

5.Nazlı

6.İlknur

ÜÇÜNCÜ BÖLÜM

1. Toplumsal İlgi Çerçevesinde Roman Karakterlerinin Anlam Arayışı Sorunu

2. Erkek Egemen Değerlerle Yüklü Türk Toplumunda Anlam Arayışı Bağlamında Kadın Sorunu

3. Ticaret Devlet ve Batılılaşma Anlayışının Anlam Arayışına Etkisi

4. Anlam Arayışına Etki Eden Ussal ve Duygusal Süreçler

5. Öğrenilmiş Çaresizlik İçerisindeki Kadının Anlam Arayışı

6. Marksist İdeolojiyi Silikleştirme Çabaları ve Özel Olma Miti

7. Zıt Kişiliklerle Özdeşleşme ve Toplumsal Yabancılaşma

Önsöz Yerine

Bu çalışmayı yürütürken "Hayatın anlamı nedir?" sorusunu kendime de sormadan yapamadım. Başkalarının hayat anlamını araştırırken insan kendini bunun dışında tutamıyor. Ve soru karşınızda öyle insafsız ve sert duruyor ki: "Ya sen!" diyor; "Senin hayatının anlamı nedir?" Ne diyeceğimi bilemedim önce. Kendimi birdenbire çocukluğumu düşünürken buldum: Bir ceviz ağacının altında ağlayan çocukluğumu... Bir ses beni çağırıyordu: "Hadi gel, uçurtma uçurmaya gidelim!" Her şeyi unutmuştum. Hayatın anlamı oynamaktı. Arnavut kaldırımlı yokuş bir yolda ıslak yanaklarımla koşuyordum. Gökyüzü, rüzgâr ve dağlardaki bütün çiçekler beni çağırıyordu. Artık mutluydum.

Bütün çocukluğum boyunca hayatımın bir tek anlamı vardı sanıyorum: Sevmek ve yardım etmek. Yıllar geçti ve hala bu gerçek değişmedi. Değişen tek şey, çocukluğumda tanıdığım dünyanın artık çok değişmiş olduğu. Sevginin çağlayan ırmağına, öyle çok yabancı su karıştı ki... Durmadan bulutlanan bir vadide, bir sürü kirli su ortasında, sevginin o tanıdık, berrak ırmağını görebilene aşk olsun.

Bütün suçumuz belki de fazlaca büyümüş olmak. Büyüdükçe çocukluğumuzdan uzaklaşıyor, kendimize ve çevremize yabancılaşıyoruz. Ne kadar büyürsek içimizdeki çocuk da o kadar azalıyor. Ne yapıp edip unutuyoruz sonunda çocukluğun bize öğrettiklerini. Para kazanmak ve insanlara hükmetmek giderek en önemli amacımız haline geliyor. Bütün saygınlığımızı, değerimizi ve başarımızı kazandığımız paranın çokluğunda görüyoruz. Sonuçta dayanışma yok oluyor, sevgi kirleniyor.

Ne kadar eksilirsek ne kadar büyürsek büyüyelim hiçbir zaman çocukluğumuzdan kopamayız. Bir ses tam şuramızda sürekli uyarır bizi: "Bu değil!" der, "Yaşamak istediğin hayat bu değil!" Çocukluğumuzun, vazgeçmek zorunda bırakıldığımız özgürlüğümüzün sesidir duyduğumuz. Büyümek bazen öyle büyük haksızlık ve tutsaklıktır ki, isteseniz bile zincirlerinizi kıramazsınız, kilitli kapılarınızı açamazsınız. Karanlıklar ortasında sık sık çocukluğunuz gelir aklınıza. Çünkü o sizin tek özgürlüğünüzdür. Ve nereye giderseniz gidin çocukluğunuz hep arkanızdan gelir. Eğer onu zincirlere vurmuşsanız zincirlerini sürüyerek gelir. Çekip vurmuşsanız sonsuza kadar içinizde ölüsü kalır. Ne kadar büyürseniz büyüyün bedeniniz ve ruhunuz bir daha o çocuğun mezarı olmaktan başka bir şey olmayacaktır.

"Hayatımın anlamı nedir?" diye sorduğunuzda ister istemez düşünmeye başlarsınız. Anılarla birlikte birçok şey birden canlanıverir gözlerinizin önünde. Ne demek istiyorum? Aslında kendimden söz ediyorum. Bu çalışma boyunca, uzunca bir süre bir taraftan yazdım, bir taraftan da kendimin ve başkalarının hayat anlamı üzerine kafa yordum. İşte ben: Annem, babam ve anılar... Kendimle baş başaydım ve düşünüp duruyordum. İçimde bir çocuk sesi anneme şöyle sesleniyordu: "Anne üzülme, ben büyüdüm artık, yalnızlığı ve yalnız kalmayı öğrendim. Neden, neden ama anne?.. Çocukluğumun bin yılı boyunca birbirimize sarıldığımızı anımsamıyorum. Hadi bana son bir kez sarıl ne olur... Gözlerin kapalı, kolların artık ölü de olsa!.." Sonra babam geliyordu aklıma: "Baba ben geldim, korkma rahatsız etmem. Her zaman yaptığım gibi yine ayaklarımın ucuna basarak geçeceğim hayatından. Yanlış doğru geçmişimizde ne varsa hepsini unuttum. Bir tek şey için geldim: Bir an için de olsa, bir kez de yürüyerek geçebilir miyim hayatından? Bana giderken arkamdan son bir kez "oğlum!" der misin?" Her anı, her duygu derinleşiyor, kızım, kardeşlerim, dostlarım hayatımda giderek daha farklı bir anlam kazanıyordu.

Anlamı karşınıza aldığınızda ister istemez tüm yaşamınızla yüzleşmek zorunda kalıyorsunuz. Çocukluğunuz, gençliğiniz, anneniz, babanız, tüm sevdikleriniz hayatınıza verdiğiniz anlamın mutlaka bir yerinde var oluyorlar. Eğer güçlü sevgi bağlarından yoksunsanız, kuru bir dal gibi savruluyorsunuz hayatınızın anlamı önünde.

Anlam konusunda anlayabildiğim tek şey şudur diyebilirim: Hayat anlamınızın içeriğini neyle doldurmuş olursanız olun, sevgi ve yardımlaşma ilişkisinden yoksunsanız, hayat anlamınızla birlikte bir uçurumun kıyısında duruyorsunuz demektir. Sizi hayata döndürecek tek şey sevgi ve dayanışmadır. Dayanışamadığınızda ve sevgi iletişiminde bulunamadığınızda hayatınızın da bir değeri kalmayacaktır.

Evrensel bir anlam içinde yaşayabilmeniz için öncelikle geçmişinizle barışabilmeniz gerekir. Bu durumda en büyük rehberiniz çocukluğunuz olacaktır. Çocukluk, kin nedir bilmez; duygudan duyguya hızlı bir geçiştir, kötü olan her şeyi bir anda silip atar; göz yaşının tuzunu gülücüklerle yıkar ve daima bağışlar...

BİRİNCİ BÖLÜM

1. Cevdet Bey ve Oğulları Romanının Temel Sorunsalı Olarak İnsanın Anlam Çağrısı

Cevdet Bey ve Oğulları romanının temel sorusu şudur: "Ben kimim, ne yapmalıyım, nasıl yaşamalıyım?" Çoğu zaman insan böylesine çarpıcı bir soruyla yüzleşmek istemez. Bulunduğumuz çevrede ortak yaşam ve düşünce biçimleri nasılsa, bu biçimlerin rahatlığı içinde mutlu olduğumuzu zannederek yaşar gideriz. Zannederek yaşamak da belki bir mutluluk olarak görülebilir ancak, yaşamaktan yaşamaya da fark olduğu açıktır. Buna karşın doğrunun, doğru yaşam biçiminin ne olduğu, nasıl olması gerektiği de son derece tartışmalıdır. Laik biri için modern hayat tarzı ne kadar doğruysa, şeriat kurallarını önemseyen biri için de geleneğe bağlı yaşamak o kadar doğru olacaktır. Amaç, başkalarına göre iyi ya da kötü olabilir, ancak her insan için önemli olan, bir amaç için yaşamak, yaşayabilmektir.

Geleneksel toplumlarda "Ben" olmayı istemek bireyi daha sorunlu bir yola doğru sürüklemektedir. İnsan, yanlış da olsa birçok toplumsal değerle uzlaşabileceği gibi, kuşkusuz değerlere karşı da savaşabilir. Ben'in gerçekleştirilemediği durumda yaşanan duygu suçluluktur. Nasıl bir hayat yeğlenirse yeğlensin, kendini tanımayan, olması gereken benliğini varedemeyen her insan otantik olamama suçluluğundan kurtulamayacaktır. Suçluluk duygusunun yaşanış biçimi ise bireyden bireye farklılık göstermektedir. Ego bütünlüğü güçlü olan bireyler "varoluş"la sarsıldıklarında daha mantıklı bir arayış süreci içerisine girebilmektedirler. Ego bütünlüğünün olmadığı ya da bu bütünlüğün zayıf olduğu durumda ise bu başarılamamakta, mantık dışı bir yolda insan adeta kaybolmaktadır.

Söz konusu roman, daha çok bu açılardan ele alındı. Romana konu olan aile, Soyadı Kanunu'nun çıkmasıyla birlikte, uzunca bir zamandan beri lamba işiyle uğraştıkları için, "Işıkçı" soyadını alır. Bu soyadı ailesi için uygun gören Cevdet Işıkçı ve Oğulları kimdir? Nasıl bir anlam içinde yaşar veya yaşamayı düşünürler? Ailenin, ayrıca romanın, kadın üyeleri ile erkek üyeleri arasında ne gibi yaşamsal ve algısal farklar bulunmaktadır? Anlamın anlamsızlaştığı durumlarda karakterlerinin yaşamında nasıl bir değişim gözlenmektedir? Romana hâkim olan anlam sorunu mevcut ideolojiden etkilenmekte midir? Esere ilişkin ortak bir anlamdan söz edilebilir mi? Bu ve buna benzer sorulara ileriki sayfalarda yanıt aranmıştır.

Neden anlam sorunu? Aslında konu son derece geniş kapsamlı. Ayrıca, insanlık tarihinin en eski sorunlarından biri olarak hala önemini korumakta. Yaşamın anlamı nedir? Çevremizi kuşatan bu sonsuz evren neden ve niçin var olmuştur? Matematiksel bir kesinlik içerisinde bu sorulara bir karşılık bulunamamıştır. İnsan, doğanın değişmez ve acımasız yasaları önünde çaresizdir. Çaresizliğin en ağır yaşandığı yerde ise ölüm gerçeği vardır. Yaşamın bu ağır sorunlarına katlanabilmek için insan kendine bir dayanak bulmak zorundadır. Bütün bireyler ve toplumlar yüz yıllar boyu bu dayanağın peşinde koşmuştur. "Neden varız, niçin yaşıyoruz, ne yapmalı, nasıl yaşamalı?" Yaşamda insana dayanak olabilecek her şey, işte bu soruların, aranan ama bir türlü bulunamayan çözümü etrafında düğümlenip kalmıştır.

Aranan dayanağın bir adı da aslında "anlam"dır. Anlam, aynı zamanda bütün dinlerin ve felsefi sistemlerin de en önemli düşünsel sorunları arasında yer almaktadır. İnsanın bu gereksinimini tatmin için birçok dini ve felsefi görüş dünyanın ve hayatın varoluşuna ilişkin birçok açıklama yapmış, tez öne sürmüştür. Ne var ki bütün bu yorumlar, bilinen açıklamalar insanı tatmine yetmemiştir. Bilimsel bilginin çoğalması ve yaygınlaşmasıyla birlikte yaşamın anlamı konusunda öne sürülen ilahi ve mistik görüşler de yavaş yavaş geçerliliğini kaybetmeye başlamıştır. Dinlerin ya da kimi öğretilerin savunduğu yaşam anlamı tezi, toplumlara, en azından bilimsel bilgiyi önemseyen toplumlara ve bireylere artık yetmemektedir. Varoluş felsefesinin dindar kanadı tam da bu noktada tanrı kavramına din adamlarının yorumundan daha farklı bir yorum getirmişlerdir. Dinin, şekle ilişkin bütün kurallarının dışında, kul olan bireyin değil de, kendini bilen, tanıyan, var eden, tanrıyla; aşkın varlıkla bir olabilen bir varlık olabilmesi sürecine hizmet etmesi gerektiğine işaret etmişlerdir (Jaspers,1997:241-256). Marcel'e göre "'O, -tanrı- problem ötesi' (Meta-problematique) konudur" (Bozkurt,1988:135). Ve yaşamın amacı iletişimdir; bireyle birey arasında, bireyle tanrı arasındaki iletişim... İnsan umutla yaşayan bir varlıktır. "...geleceğe, yaşama, çevresine, kendi beninden başkalarına karşı bir bekleyiş içindedir. Bu bekleyiş onu salt gerçeğe götürecek, ereğine ulaştıracak olan bir varlık koşuludur. Umut, insanda varoluş duygusunu oluşturur; kendi beniyle bir ilişki içinde bulunduğunun bilincine varmayı sağlar" (Bozkurt,1988:135-137). Aynı görüşün din dışı kanadı ise tanrı kavramını tamamen yok sayarak, insan yaşamından çıkarılması gerektiğine işaret etmişlerdir. Bu görüşün savunucularına göre bütünlenilmeye, iletişime geçilmeye çalışılan aşkın varlık, insanın doğrudan kendisi olmak durumundadır. Bu görüşü çağrıştıran düşünceler romanda da zaman zaman karşımıza çıkacaktır.

Anlam sorunu, bütün dinler, öğreti ve kuramlar kadar, bütün sanatların da en temel, hatta tek temel sorunu olmuştur. Dikkatle bakıldığında resimde bütün renkler, müzikte bütün notalar, edebiyatta bütün sözcükler, tiyatro ve sinemada bütün oyuncular aynı şeyin yani bir anlamın ya da birçok anlamın etrafında dönüp durur.

Bu bakış açısı elbette ki insan, sanat ve evren gerçeğini nasıl gördüğünüzle de yakından ilgilidir. Freud'un kuramıyla bir roman karakterinin davranışı ele alındığında, bizim anlam arayışı dediğimiz şey, haz arayışı; aynı ya da benzer bir davranış Adler'in kuramıyla incelendiğinde ise güç arayışı olarak yorumlanacaktır. İnsancıl psikolojiye göre ise insan, içten gelen itici bir güçle olgunluğa ve öz gerçekleştirmeye doğru itilir. Yani "hayat anlamı" denilen şey, insanın "gerçek ben"ini bulması, yaşaması ve gerçekleştirmesidir.

İnsana ve onun hayat anlamına ilişkin neden bu denli çok görüş ortaya atılmıştır? Buna neden, ele alınan konunun son derece karmaşık olmasıdır. Bu yüzden de hiçbir kuram ve görüş tartışılmaz değildir.

Geçerlik ve güvenirlik bakımından en iyi görüş hangi görüştür? Bu soru bugün bile felsefe ve psikoloji çevrelerinde tartışılmaya devam etmektedir.

Tarih göstermiştir ki, Freud'un da belirttiği gibi, uygarlaşmanın, teknolojik anlamda ilerlemenin bedeli, insan için; durmadan yalnızlık ve hiçlik duygusu üreten modern eşyalar arasında ruh sağlığının kaybı olmuştur. Geçmişten bugüne sürekli değişen ve dönüşen insan yaşamlarına baktığımızda bu gerçek bugün bile değişmemiştir. Gelişen bilim ve teknoloji sayesinde insan birçok şeye sahip olmuş ancak kendine ve çevresine yabancılaşmıştır. Modern çağın yeni hayat anlayışı, siyasal gelişmeleri, teknolojik olanakları yaşamı kolaylaştırmışsa da, insanı yeteri kadar mutlu edememiştir. Bilim, nasıl ki geliştikçe yeni teknolojik olanaklar ve bu olanaklardan etkilenen yeni hayat biçimleri yaratmışsa, insan da bu bağlamda, içinde bulunduğu koşullardan etkilenmiş, elli ya da yüz yıl öncekinden çok daha farklı davranış biçimleri göstermeye başlamıştır. Freud döneminde aşılmaz gibi görünen tabular dönemi, en azından birçok ileri ülkede yıkılmış, ortaya yeni bir insan tipi çıkmıştır. Bu da yeni davranış bilimi modellerinin arayışı sürecini hızlandırmıştır. Varoluş psikolojisinin de bu sürecin bir sonucu olarak devreye girdiğini söylemek yanlış olmayacaktır. (Yalom,2000:30)

Modern psikolojinin en eski düşünürü Freud da yaşamı boyunca hayat anlamı konusunda herkesi tatmin edecek görüşler öne sürebilmiş değildir. Modern psikoloji anlam sorunuyla yakından ilgilenmektedir çünkü, anlam tespiti bir bakıma ruh sağlığının da en önemli olmazsa olmazları arasında yer almaktadır. Psikanalizin, yetersiz insan yorumu nedeniyle zaman içerisinde başka kuramcılar, davranış çözümlemesi, yeni davranışlar geliştirme yöntemleri üzerine farklı yorumlar ve sağaltım önerileriyle ortaya çıkmışlardır. Ruhsal yaşamın bilinçdışı yönünü açıklama çabası içindeki psikanaliz kuramının boşluklarını bu kuramcılar doldurmaya çalışmıştır. Bunu yapabilmek içinse öncelikle psikanalizin ne olduğunun iyice incelenmesi gerekmiştir. Birçoğu

Freud'un öğrencisi ya da arkadaşı olan bu yeni kuramcılar, psikanaliz 'in aydınlattığı bu karanlık yolu, kendi yorumlarıyla biraz daha aydınlatmışlardır. (Geçtan,1981)

Bütün psikoloji kuramlarının ortak özelliklerinden biri, insanın anlam arayışı sorununa özel bir önem vermeleridir denebilir. İnsan neden hayattan zevk almamaya ya da herkes gibi davranmamaya başlar? Tatmin edici bir yaşam sürebilmenin ilkeleri nelerdir? Freud ve onu takip eden kuramcılar bilimsel yöntemlerle bu ve buna benzer birçok soruya da yanıt bulmak istemiştir. Amaç, uygarlaşma sonucu giderek ruh sağlığını kaybeden insanı yeniden kendisiyle ve çevresiyle uyumlu hale getirmek olmuştur. Peki en çok hangi kuram bu konuda daha başarılı olmuştur? Hemen hemen bütün kuramlar davranış çözümlemesi konusunda önemli başarılar elde etmiştir. Bu yüzden de hiçbir kuramı kökten reddetmek -en azından bize göre- mümkün değildir.

Freud'a göre, sevmek ve çalışmak insan ruh sağlığının en önemli olmazları arasında yer almaktadır (Ankay,1998:11). Bu bağlamda psikanalizm, insanın hayattaki çabalarını varoluşçu yaklaşımın sözünü ettiği, dünya görüşüne, ölüm gerçeğinden hız alan anlam arayışına dayalı olarak açıklamasa bile onunla bir noktada buluşmaktadır. Çünkü varoluş psikolojisinin sözünü ettiği anlam arayışı, Freud'un sözünü ettiği sevme ve çalışma kavramlarından hiç de kopuk değildir.

Gerçekten de, davranışın altında yatan nedenlere bilimsel kesinlik içerisinde bir karşılık bulunabilir mi? Modern ve modern öncesi psikoloji tarihi daha çok bu determinist yaklaşımın arayışı içinde olmuştur. Bu bağlamda yeni çözüm önerileriyle ortaya çıkan kuram, varoluş felsefesi ve onun bir uzantısı olan varoluş psikolojisidir. Diğer kuramların aksine, insanın sınırları çok geniş, makine türü bir yapılanmadan çok öte bir varlık olduğu görüşü daha çok bu kuram tarafından öne sürülmüştür. Varoluşçu yaklaşıma göre insanın en çarpıcı özelliği anlam arayışı içinde olan bir varlık olduğudur. Her şeyden önce insan, diğer canlılardan farklı olarak seçimde bulunabilen özgür bir varlıktır. Varoluşunu fark eder, çevresini etkiler ve ondan etkilenir. Yaratıcı potansiyelleri aracılığıyla yaşama ve yaşamına yeni şeyler ekler (Yalom,2000:35). Temel gereksinimlerini ne kadar üst düzeyde doyurursa doyursun eğer bir anlam içinde yaşayamıyorsa hiçbir şekilde mutlu olamaz. Benzer yaşantılara romanda da sıkça rastlanmaktadır.

Davranışın altında yatan nedenleri tartışmaya meydan vermeyecek şekilde açıklayabilmek için ne yapmak, nasıl bir yol izlemek gerekmektedir? Bu konuda kişilere izlenmesi gereken en doğru yol şudur denilemeyeceği, dense bile bunun doğru olmayacağı açıktır. Eklektik bir yöntemle bütün kuramlardan yararlanılabileceği gibi, bir tek kuramdan yararlanmak da mümkündür. Ancak bilim, ele alınan varlık nesne durumuna indirgenen insan olunca, büyük ölçüde çaresiz kalmaktadır. Çünkü; insanın ruhsal yapısı doğadaki herhangi bir nesne gibi ele alınıp kolaylıkla incelenememektedir. İnsandan insana değişmeyen bir ruhsal işleyiş biçiminin varlığını bilimsel yöntemlerle açıklayabilmek, herhangi bir organın, örneğin kalbin işleyiş biçimini açıklamaktan çok daha zordur. Ayrıca, sabit, değişmeyen bir ruhsal işleyiş modeli öngörüsünde bulunmak ne kadar doğrudur? Bu da çözümü oldukça güç görünen ayrı bir tartışma konusudur. Bilimsel süreç içinde gelişen materyalizm, determinizm, hümanizm, psikanalizm, sorunu değişik yöntemlerle çözümlemeye çalışmışsa da, belli bir yerden sonra yeterli olamamışlardır. Bütün bu düşünce sistemleri insanı, bilimsel yöntemlerle açıklama konusunda önemli yol kat etmişse de evren ve insan gerçeğinin hatasız yorumu bilimi zorlamıştır. Psikanaliz kuramının başlangıçta birçok çevre tarafından kabul gören insan ve ruhsal işleyiş modeli, zamanla çok ciddi tartışmaları da beraberinde getirmiştir. İnsan davranışlarının birkaç temel dürtüye indirgenmesine, enerjinin korunması ilkesi yoluyla açıklanmaya çalışılmasına karşı çıkılmıştır (Yalom,2000:33). İnsan hayatta yalnızca id, ego, süperego yapılanması içinde temel dürtülerini tatmin için mi yaşamaktadır? Hem davranışçı hem de analitik kuramcıların savunduğu bu fikir uzunca bir süredir geçerliliğini yitirmiş görünmektedir (Yalom,2000:34).

Bu da zamanla insanın daha farklı bilimsel yöntemlerle incelenmesi gerektiği yönünde birtakım görüşlerin ortaya atılmasına neden olmuştur. Freud ve devamı kuramcılara karşı çıkan bu yeni kuramcılar, insanın içinde bulunduğu durumu; yani doğa karşısındaki çaresizliğini, itilmişliğini, hiçliğini geleneksel yöntemlerle kavramamın mümkün olamayacağı görüşünü savunmuşlardır. Bu iddialarını ise, başlangıçta karamsar bir felsefe olarak ünlenen varoluş felsefesinin insan, dünya ve evren yorumuna dayandırarak kanıtlamak istemişlerdir. Varoluşçu yaklaşıma göre insan, doğaya geldiği andan itibaren, diğer canlı türleri gibi neyse o değildir, aksine sürekli kendini tamamlamak, var etmek zorunda kalan bir varlıktır.

Uzunca bir süre varoluşçuluğun insanları mutsuzluğun doğurduğu bir durgunluk, miskinlik içinde kalmaya çağıran, insanlığı yok etmeye çalışan korsan bir felsefe olduğu iddia edilmiştir (Sartre,1990:57). Oysa gerçek tam da bunun aksi yöndedir. Varoluşçuluk Sartre (1990:81-83)'in da ifade ettiği gibi eylemsizliği değil, eylemi ön gören, insanları kendilerinin ve başkalarının yaşamlarına karşı sorumlu olmaya davet eden iyimser bir öğretidir. Varoluşçu psikoloji işte bu, uzunca zaman anlaşılmayan, haksız biçimde eleştirilen felsefi görüşün içinden süzülerek gelmiş ve insana kim olduğunu açıklama konusunda yeni bir umut olmuştur. Dünyanın ve bu dünyadaki insanın durumuna ilişkin öne sürdüğü görüşlerle yapmak istediği asıl şey, insanın kendiyle ve evrenle uyumlaşma çabalarına hizmet etmektir. Roman karakterlerinin davranış çözümlemeleri yapılırken bu görüşten de sıklıkla yararlanılmıştır.

Bütün davranış bilimleri ekolleri, işin doğası gereği, insan davranışlarını açıklama konusunda birbirinden oldukça farklı tezler öne sürer. Ancak bu tezler arasındaki ayrılığın tümden bilimsel bir nedene bağlı olduğunu öne sürmek oldukça güçtür. Bazen birbirlerine çok zıt açıklamalar yapsalar da kimi davranışların yorumu konusunda birçok kuramcı zaman zaman birbirine oldukça yakın şeyler de söyleyebilmektedir. Varoluşçu psikoterapiyi anlatan önemli yapıtında Geçtan (1990:98), konuya bu bağlamda ilginç bir açıklama getirmektedir: "Yüzyılın ilk yarısında dinamik psikolojinin temeline harç koymuş kuramcıların, insan davranışını açıklama çabalarında ulaştıkları sonuçların, aslında birbirinden çok da uzak düşmediği söylenebilir. Davranışların dinamiğini açıklarken, her birinin belirli öğeleri ön plana alıp, diğerlerini daha az vurgulamasında kendi kişilik özelliklerinin önemli payı olsa gerek. Hatta yüzyılın başlarında, psikanalizin öncüsü sayılan kişilerin birbiriyle olan ilişkilerinin bile bilimsel tutumlarını etkilediği söylenebilir. Adler, Freud'a karşıt olma çabasında, insanın yıkıcı eğilimlerini tümden yadsırken, Freud da Adler'le uzlaşmış görünmemek için, esneklik getirdiği bazı görüşlerini açıklamamakta direnmiştir. Rank'ın Freud'a baş kaldırışının, bireyselleşme kavramını geliştirmesine yol açtığı söylenir. (Geçtan, 1990:98-99)

Yakın geçmişte bir Amerikan dergisinde çıkan yazıda, Freud'la Jung'un, bilimsel görüş ayrılıklarından kaynaklandığı sanılan kopuşunda rol oynayan gerçek nedenin bir 'kadın meselesi' olduğu iddia ediliyor." (Geçtan,1990:98-99)

Her insanın duygu dünyası birbirinden farklı olduğundan, şablon niteliğinde, her davranışın çözümü için geçerli tek bir psikoloji kuramının geliştirilebilmesi olasılığı oldukça güçtür. İnsanı kavramak demek, öncelikle onun dünyadaki durumunu anlamak demektir. Varoluş psikolojisi bu temelden hareketle konuya yaklaşmakta ve öncelikle insanın doğadaki özel durumunu göz önünde bulundurarak, her birey için ayrı davranış çözümlemesi, yorumlaması ve tedavisi yoluna gitmektedir. (Yalom,2002:49-52)

Bütün psikoloji kuramlarını kesin çizgilerle birbirinden ayırmak da aslında o kadar kolay değildir. Çünkü hepsi de birbirinin içinden süzülerek ortaya çıkmış, farklı anlayışlar geliştirerek çoğalmıştır. Bu durumu bilginin evrimleşme süreci olarak da görmek mümkündür.

Çağlar önce yaşamış birçok düşünürün varoluşçu yaklaşımla örtüşen fikirleri vardır. E. Fromm bu konuda şöyle demektedir. "Freud, insanlar arası tutkuların önemini gün ışığına çıkarmakla ilk adımı attı; düşünsel yargılarına uyarak bu tutkuları, fizyoloji temeline oturtarak açıkladı. Ruh çözümlemesinin bundan sonraki gelişmesinde, Freud'un kuramını ve görüşlerini fizyolojik alandan biyolojik ve varoluşsal boyutlarına aktaracak biçimde düzeltmek ve derinleştirmek gerekir. (...) Bu yönde ilk adımı, sonradan geliştirdiği yaşam ve ölüm içgüdüsü kavramıyla Freud kendisi atmıştır. Onun yaşam içgüdüsünü (eros'u) bir bileşim ve bütünleşme ilkesi olarak görmesi libido anlayışından bütünüyle farklıdır" (Fromm,1995:42). Bu gerçeklerden hareketle roman karakterleri üzerine çözümlemelerde bulunurken birçok kuramdan yararlanılmıştır.

Anlam konusunun önemli araştırıcılarından biri de Logoterapi kuramını geliştiren Frankl'dır. "Logos", "anlam" anlamına gelen Yunanca bir kelimedir" (Frankl,2000:94). Logoterapi'yi psikanaliz'den ayıran temel ilke, söz konusu kuramın, insanı anlam arayışı içinde olan bir varlık olarak ele almasıdır (Frankl,2000:98). Yaşamda gereksinimi duyulan şey, analitik yaklaşımların tarif ettiği gibi yalnızca üstün olmak ya da haz duygularını tatmin etmek değil, bütün bunlardan daha anlamlı bir amaca bağlanma isteğidir. Psikanalize göre insan her şeyden önce ruh sağlığını koruyabilmek için, dengeye yani "homeostassis'e; gerilimsiz bir duruma gereksinim duymaktadır. Frankl (2000:100)'a göre ise, "İnsanın gerçekten ihtiyaç duyduğu şey, gerilimsiz bir durum değil, daha çok uğruna çaba göstermeye değer bir hedef, özgürce seçilen bir amaç için uğraşmak ve mücadele etmektir." Anlam çağrısının bir sonucu olarak insan büyük bir gerilim yaşar. Gerilim, varoluşa giden süreci başlattığından olumsuz anlamda kullanılmamaktadır. Bu gerilimin sonucunda birey, durağan durumdan çıkıp daha dinamik bir duruma geçer. Nevrotik karakterlerde, eğer farkına varılmışsa bu süreç, daha çalkantılı olur ve yanlış bir merkeze doğru gelişir.

Bir genelleme yapılacak olursa, en ideal anlamda yaşamak yalnızca, insanın sorunlar karşısında sorumluluk duyması anlamına gelir. Yaşam anlamı insandan insana an be an değişen bir durumdur. Bu yüzden hayatta tek bir anlam yoktur. Kimsenin yaşamı bir başkasınınkiyle kıyaslanamaz. Her durumun kendi eşitsizliği içinde tek bir yanıtı vardır: Kimse kimseyi acıdan kurtaramaz ya da onun yerine acı çekemez. İnsan acı çekerken bile evrende eşsiz ve yalnız olduğu gerçeğiyle karşı karşıyadır (Frankl,2000:79).

Kimi görüşlere göre tanrı fikri, insanın hayattaki bu çaresiz durumuna bir yanıt olsa da, onun sorumluluklarını üstlenme ve özgürlüğünü kabul etme konusundaki başarısına engel olmaktadır. Freud (1995)'a göre de tanrı anlayışı, insan sorunsalının anlaşılması sorununa birçok bakımdan hizmet etmişse de insanı esas olarak kendi sorunlarını kendisinin çözmesi ve üstlenmesi gerektiği gerçeğinden uzaklaştırmıştır. Freud gibi düşünen bilim adamlarının dinler konusundaki bu tarz yorumları, bu yüzden yerleşik birçok değeri sarsmış, insanı kendi dışında bir güç aramaması gerektiği yönünde uyarmıştır. Varoluş felsefesinin, özellikle tanrıyı reddeden kanadının da savunmakta olduğu görüş bu doğrultudadır

2. Sanat Psikolojisi ve İnsanı Anlamanın En Güçlü Araçlarından Biri Olarak Sanat

Araştırmanın bir sanat yapıtı aracılığı ile yapılmış olması, doğal olarak sanat psikolojisini de çalışmamızın önemli araçlarından biri durumuna getirmiştir. Sanat Psikolojisi, bir estetik inceleme olmadığı gibi, kesinlikle bir sanat felsefesi ya da bir sanat bilimi olarak da görülemez. Ancak az da olsa bütün bu disiplinlerle bir noktada çakışmaktadır (Weber,1993:9-15). Psikolojik çözümlemenin esas olarak yapmak istediği şey; "...Marksçı eleştirinin en iyi örneklerinde yapıtın yapılarıyla toplumsal yapılar arasında kurduğu koşutluğu yapıtla birey arasında kurmak; tutumun gerekçesiyse, yapıtın oluşumunun yazarın ruhsal oluşumunun bir yansıması olduğu varsayımıdır" (Yücel,1991:56). Sınırlılıkları olmakla birlikte sanatsal yapıtın açık içeriği kadar, gizli içeriği de psikolojik yöntemlerle ortaya konabilir. "Yazar bir birey olarak kendi ruhsal oluşumunun bilincinde değildir her zaman, yapıtının gizli içeriğinin de ayrımında olması gerekmez, ama ruh çözümleyimin getirdiği yöntemsel araçlar bu içeriği ortaya çıkarıp çözümlemesi sağlanabilir" (Yücel,1991:56-57).

Buna karşın, kimi iddialara göre, günümüzde sanat felsefesi, sanat eserlerini psikolojik-psikanalist açıdan inceleyemez; incelese bile bu inceleme birçok bakımdan yetersiz kalır. Bu görüşlere göre, her yaratıcı, sanat yoluyla belli bazı şeyleri vermek veya göstermek istediğinden, her sanatsal ürün bu kapsam içerisinde sınırlıdır. Sanat eserinin kendisi de zaten bir değerlendirme, açıklama veya yorumdur. Bu durumda bir eseri değerlendirmek demek ne demektir? Kuçuradi (1998:53-54) bunu şöyle açıklar: "Sınırları belli olan bir eseri değerlendirenin işi, onu yorumlamak değil, yaratıcısının onunla dile getirmek, göstermek istediğini doğrudan doğruya görmeyenlere göstermek -o eseri açıklamak- ve ayrıca o eserin ait olduğu alana bir yenilik getiriyorsa, bu yeniliği göstermektir. Bir sanat eserini yorumlamaya kalkışmak, yorumlayanı ele veren bir açıklama yapmaktan ileri gitmez. Bu bir yorumun yorumu olur." Kuçuradi, sanat yapıtlarının, psikolojik-psikanalitik yöntemlerle incelenmesinin yanlış olduğuna işaret ederek şöyle demektedir: "Sanat ve düşünce eserlerine yaklaşmada, böyle bir yolun yaklaşmak istediğimiz eseri bize veremeyeceği açıktır. Kausal açıklamaların -yani psikolojik-psikanalitik açıklamaların- kişilerin bazı davranışlarını açıklayabilmesi bir sanatçı veya düşünürle ilgili bazı sorulara cevap vermeye yardım etmesi, bir esere yaklaşmaya da en elverişli yol olacağını göstermez. Bir esere bu şekilde yaklaşmak, bir eser ile yaratıcısını bir saymak olur. Kişilerin bazı yapıp ettiklerinin, düşüncelerinin -bu arada sanatçı ve düşünürlerinkini de- bazı kausal açıklamaları yapılabilse de, bir sanat veya düşünce eseri için aynı şey yapılamaz."

Konu son derece tartışmalıdır. Kimi yorumculara göre, bir yazar kendini işin içine katmadan asla bir karakter yaratamaz. Kimi araştırmacıların da ortaya koyduğu gibi, iyi bir yazar için bu hiç de zor değildir. Post-modernistlerin tutumuna gelince, onlar bir adım daha öte giderek metni yazardan tamamen koparmışlardır. "Metin, yazıldıktan sonra, bağımsız sayılır; yani metnin köklerinde, yazarın dediklerinde ya da içeriğinde anlam ya da açıklamalar bulmaya çalışmak beyhudedir." demektedirler (Rosenau,1998:70). Ayrıca böyle bir metnin özdeş iki okumasının olamayacağını iddia etmektedirler.

Sonuç olarak hangi yazarın kendini yarattığı karakterde ne kadar ortaya koyduğunu ölçecek bir terazi olmadığından, bu çalışmada roman karakterleriyle yazar arasında herhangi bir bağ, görülse bile, özellikle aranmamıştır. Anlam sorunu daha çok roman karakterlerinin sorunu olarak görülmüş ve ele alınmıştır.

Bilindiği gibi Orhan Pamuk'un yapıtlarının da post-modernist bir persfektif taşıdığından sık sık söz edilmektedir. Anlam arayışı bağlamında bizi en çok ilgilendiren konu da budur. Bu türden -post-modernist- yapıtlar yoluyla, insanın hayattaki anlam arayışı sorununa ışık tutmak ne kadar doğrudur? Böyle yapıtlar hayatı, -buna bağlı olarak elbette insanı da- ne derece doğru yansıtmaktadır? Post-modernist edebiyat görüşü esas olarak biçimi, biçimciliği önemseyen bir edebiyattır. Bütün post-modernistler gibi Pamuk'un önemsediği şey de budur denebilir. Moran (1994:33)'a göre 1980'den sonra biçim konusu edebiyatımızda daha çok önemsenir olmuştur. Moran konuya ilişkin olarak şu açıklamayı yapmaktadır: "Bu saptamanın tüm 1980 sonrası romanları için geçerli olmadığını söylemeye gerek yok, ama kanımca, Latife Tekin, Pınar Kür, Orhan Pamuk, Bilge Karasu gibi önde gelen yazarların, hiç değilse kimi yapıtlarıyla oluşturdukları bir akım için geçerlidir." Yine Moran (1994:50-51)'a göre, toplumsal ve siyasal yapı üzerine eleştiri yapmayı potansiyel suçluluk olarak değerlendiren 12 Eylül'le birlikte edebiyatımız toplumsal sorunlardan uzaklaşmıştır. Bu da yazarlarımızı yeni arayışlara yöneltmiştir denebilir. Böylece romanımızda köktenci bir yenilik hareketi başlamıştır. İçinde Orhan Pamuk'un yapıtlarının da yer aldığı bu romanlara Postmodern romanlar denebilir. -Postmodernist düşünürlerin de belirttiği gibi bu tür yapıtlarda " Bireyler, kendi içlerinde değerli görülürler, tanrı ya da devletçe buyrulan bir başka amacın araçları olarak görülmezler" (Murphy,1995:118-119). Orhan Pamuk'un karakterleri de tıpkı bu anlayış doğrultusunda çizilmiştir.

"Biçimciliğe göre, -bir bakıma post-modernistlere göre de- organik bütünlük, yani eserin yapısı bizde estetik yaşantı meydana getirir ve sanatta önemli olan da budur. Ama bu organik yapı içerisinde yine de bildiğimiz çeşitten bir anlam kalıyor. Edebiyat eserini felsefe, sosyoloji ve ahlak alanlarındaki eserlerden ayıracak, kendine özgü bir özelliği olduğunu ispat edecek bir sanat eserinin öbürlerinden dilsel bakımdan nasıl ayrıldığını açıklayabilmek gerek. Anlamı kabul ettik miydi, eser ister istemez hayatla, dış dünya ile bağlar kuran, göstersel (referential) anlam taşıyan bir yapı olacaktır. Tıpkı bir felsefe, bilim ya da ahlak kitabında olduğu gibi." Read (1981:8)'in de belirttiği gibi sonuçta sanat bir bilgi tarzıdır. Sanatçının gördüğü dünya, Yetkin (1979:25)'in de göstermeye çalıştığı gibi "...mantığımızın verilerine göre değil, duygularımızın, düşlerimizin, özlemlerimizin verilerine göre düzenlenmektedir" denilebilir. Ancak bu onun, gerçekler dünyasının bilgi birikiminden ve araştırmasından koptuğu anlamına gelmez. Ayrıca sanatta, "biçimcilik/içerikçilik" tartışması geçmiş yıllara oranla daha esnek bir zeminde yapılmaktadır. Cömert (1991:189)'in de dediği gibi, biçim-içerik ilişkisini, birbirini yadsıyan bir karşıtlık olarak değil, birbirini tamamlayan, birbirinden ayrı olamayan bir bileşim olarak görmek gerekir.

Bu yorumlardan anlaşılacağı gibi bir sanat yapıtı ister biçimci ister post-modernist, isterse toplumcu gerçekçi olsun hayatla içiçedir; işin doğası gereği de böyle olmak zorundadır. Fischer (1990:118)'in de dediği gibi; "Bir roman kişileri ve durumlarıyla ilgili bir tartışma önemli toplum ve felsefe sorunları çıkarır ortaya. Sanat ve sanat tartışmaları toplumcu dünyanın hayatındaki ilerleme yollarından biridir." Sonuçta, sanat nasıl tarif edilirse edilsin, hiçbir şekilde hayattan kopamaz. Farklı bir dille de olsa felsefenin, psikolojinin, sosyolojinin, dinin söylediği şeyleri ele alan bir içerik içinde karşımıza çıkar (Fischer,1990:148).

İnsan davranışının ve anlam arayışının bu tartışmalı zemininde, yapılan bu çalışma, psikolojik ve felsefi bağlamda eklektik bir yaklaşımdır. Çözümleme çalışmalarında analitik yaklaşımlarla birlikte varoluşçu yaklaşımlardan da yararlanılmıştır. Bunun temel nedeni roman karakterlerinde gözlenen, daha anlamlı bir hayat yaşama arayışıdır. Denebilir ki anlam arayışı, romanın içeriğine ilişkin iskeletin omurgasıdır. Ağırlıklı olarak varoluş psikolojisine yönelmiş olmamızın en önemli nedeni de budur. Çünkü psikoloji kuramları içinde insanın anlam arayışı sorununa en çok vurgu yapan kuram varoluş psikolojisidir. Çalışmada, esas olarak üzerinde durduğumuz konu, anlam arayışının şekli, içeriği, yaşanışı ve her karakterde kişilik durumlarına göre ortaya çıkan özel durumudur.

Bu çerçevede sorulması gereken önemli bir soru da şudur: Neden sanat? Neden sanattan yola çıkarak anlam arayışı? Bilindiği gibi, psikoloji gibi sanatın da konusu esas olarak insan davranışlarıdır. Tarihin her döneminde sanat, insanla ilgilenmiş, insanın ruhsal özelliklerini, davranış biçimlerini ve bu davranışlarının altında yatan nedenleri anlamaya ve anlatmaya çalışmıştır. Bu bağlamda psikolojinin henüz bilim olarak ortada olmadığı dönemlerde bile sanatın psikolojiyle ilgilendiğini, sezgi yoluyla da olsa, insana ilişkin birtakım gerçekleri su yüzüne çıkardığını söylemek yanlış olmayacaktır. Sanat yapıtlarının tespit ettiği bu gerçekler bugün birçok psikoloji kuramıyla da birebir örtüşebilmektedir. Öyle ki sanatın gerçeği, bazen bilimin de gerçeği olabilmektedir. Bu karşılıklı alışveriş yalnızca sanatsal bilginin geçerliliğini kanıtlamamış, aynı zamanda psikolojiyi de doğrulamış ve geliştirmiştir. Zamanla gelişim süreci hızlanan psikoloji, sanatın gelişmesinde, tür olarak genişlemesinde önemli rol oynamıştır Bugüne kadar sanat-psikoloji ilişkisi üzerine birçok tartışma konusu ortaya atılmış, birçok önemli çalışma yapılmıştır. Zamanla varoluş felsefesi ve ondan hız alarak gelişen varoluş psikolojisi ve bu görüşün savunucuları sanatla o kadar içli dışlı olmuşlardır ki, Sartre gibi yazarlar aracılığıyla sonunda varoluşçuluk kendi sanatını bile yaratabilmiştir denebilir. Dünya sanat anlayışı, bu yeni psikolojik akımlardan halen yoğun olarak etkilenmeye devam etmektedir. Bu etkinin bir sonucu olarak da sanatın ve psikolojinin yerleşmiş birçok kavramı yeniden ele alınmakta, biçimlendirilmekte ve gözden geçirilmektedir. Sorumuza tekrar dönecek olursak bir roman karakterleri üzerinden psikolojik bağlamda içerik çözümlemesi yapmak gerçeğin, yani asal bilginin tespiti konusunda ne kadar geçerli bir yol ve yöntem olarak görülebilir? Bir diğer önemli sorun da sanat yapıtları üzerine hatasız bir içerik çözümlemesinin mümkün olup olmadığıdır. Ayrıca, içerik çözümlemesi ya da psikolojik bağlamda içerik çözümlemesi denince ne anlaşılmalıdır? Gökçe (1995:13)'in de belirttiği gibi, "İçerik çözümlemesi deyiminin bu kadar çok kullanılışına karşılık, bunun anlamı üzerinde tam bir anlaşmanın var olduğu söylenemez." Ampirik bilime dayanan sosyal bilimcilerle, felsefeye dayanan sosyal bilimcilerin konuya ilişkin anlayışları arasında önemli ayrılıklar bulunmaktadır (Gökçe,1995:13). Bu çalışmada kullanılan çözümleme yöntemi tamamen psikolojik ve felsefi bir içerik taşımaktadır. Bu bağlamda araştırmanın sanal kişiler üzerinde yapılmış olması bilimsel anlamda bir eksiklik olarak görülmemelidir. Çünkü gerçek sanat yapıtları insanı anlama konusunda bize kimi zaman gerçek hayattan çok daha fazla bilgi verebilir. Bu yöntemi kullanmış olan ilk kuramcı Freud'dur. Freud, konuyla ilgili birçok psikolojik çalışma yapmıştır. Dostoyevski'nin roman karakteri üzerine yaptığı psikolojik yorumlamalar, çözümlemeler bizim için öğreticidir. Yalom (2000:38-39)'sa bu konuyu şöyle açıklamaktadır: "Hayali karakterlerin gerçeği bizi etkiler, çünkü bizim kendi gerçeğimizdir. Üstelik, önemli edebiyat yapıtları bize kendimiz hakkında bir şeyler öğretir, çünkü yakıcı derecede dürüsttürler, herhangi bir klinik verinin olabileceği kadar dürüst: Büyük bir yazar, kendi kişiliği birçok karakter arasında ne kadar bölünmüş olsa da, sonuçta kendini gözler önüne seren bir özellik taşımaktadır. Thornton Wilder bir zamanlar şunları yazmıştı: "Eğer Kraliçe Elizabeth veya Muhteşem Frederick ya da Ernest Hemingway biyografilerini okusaydı, 'Oh, sırrım hala güvenlikte!" diyebilirlerdi. Fakat Nataşa Rostov, Savaş ve Barış'ı okusaydı elleriyle yüzünü kapatıp, 'Nereden biliyordu? Nereden biliyordu?' diye ağlayabilirdi."

Bir sanat yapıtının psikolojik yorumlamaya uygunluk bakımından ölçütü, ele alınacak olan yapıtın gerçekten iyi, önemli bir yapıt olup olmadığıdır. O halde inceleyeceğimiz romanın iyi bir ürün, iyi bir sanat yapıtı olduğu kanıtlanmış mıdır? Yanıtımız evet olacaktır çünkü; kitap, 1999 yılında 13. baskısını yapmıştır. 1979'da Milliyet Yayınları Roman Armağanı'nı, 1983'de de Orhan Kemal Roman Armağanı'nı almıştır. Edebiyatçı eleştirmen Fethi Naci, eserin önemini şu şekilde belirtmektedir: " Büyük bir başarı... Hiç duraksamadan en beğendiğim yirmi Türk romanı arasına alırım." Ayrıca, yayımlandıktan kısa bir süre sonra bu kitap Orhan Pamuk'un ününü de pekiştirmiştir. Hacminin genişliğine rağmen, bugüne kadar baskısı en çok yapılan ve satılan Türk romanları arasında yer aldığını rahatlıkla söyleyebiliriz

.

3. Anlam Arayışı Bağlamında Sanat ve Sanat Eğitimi

Bu çalışma, bir yönüyle de ülkemizde yıllardır ihmal edilen sanat eğitimine katkı niteliğindedir. Sanat nasıl ki psikolojiyle bu denli yakından ilgiliyse, sanat eğitimi de kuşkusuz aynı oranda psikolojiyle içiçedir ya da öyle olmak zorundadır. San (1992:652)'ın da belirttiği gibi: "Sanat eğitimi, gelişimsel ve antropolojik psikolojiyle, sanatla, eğitimle ve diğer sosyokültürel olgularla aynı ağırlıkta bağlantı kurması gerekir." Sanat eğitbilimi aynı zamanda pedagojiyle de sıkı bir ilişki içindedir. Bu da onu psikolojiyle, sosyolojiyle, sibernetikle doğrudan ilişkilendirmektedir (San,1983:21).

Sanat eğitimi bağlamında düşündüğümüzde söz konusu roman, anlam arayışı konusunda problem bir roman haline getirilmiştir. Erinç (1995:157)'in de belirttiği gibi sanat eğitiminin bir amacı, sanatsal anlamda "problem" yaratmak olmalıdır. "Her yapıt sanat eseri midir?", "Her sanatsal değerlendirme doğru değerlendirme midir?" Bu ve benzeri her türden soruya yanıt olan karşılık, başka bir problemin oluşumuna ve çözümüne aracılık etmelidir. Bu çalışmada yaratılan problemse "anlam"dır; diğer deyişle, bir romana konu olan "anlam arayışı"nın psikoloji ışığı altında incelenmesi ve çözümlenmeye çalışılmasıdır.

Ne yazık ki sanat-psikoloji ilişkisi üzerine ya da sanat yapıtlarından hareketle insan ve toplum davranışlarının çözümlenmesi üzerine, yazınımızda, araştırma evrenimizde yeterli kaynak bulunmamaktadır. Gelişmiş Batı ülkelerinde, geçmişten bugüne, konuyla ilgili birçok önemli çalışma ortaya konmuştur. Yapılan incelemelerimiz sonucunda, ülkemizde bugüne kadar bir sanat yapıtından yola çıkarak insanın anlam arayışı sorununa değinen kapsamlı bir çalışmanın olmadığı görülmüştür. Sanat yapıtlarımız üzerine bu ve benzeri çalışmaların yeterli düzeyde olmayışı kuşkusuz önemli bir sorundur.

Sanat eğitiminin bir amacı da sanattan en iyi şekilde yararlanabilen, sanatın diğer sosyal bilimlerle olan ilişkisi hakkında yeterli bilgi birikimine sahip bireyler yetiştirmektir. Bu ise, önemli ölçüde, sanat yapıtlarının ayrıntılı şekilde incelenmesini gerekli kılmaktadır. Sanat madalyonunun arka yüzünde saklı gibi duran bilimsel bilgiye ancak bu yolla ulaşılabilir.

Diyebiliriz ki bir anlam olmaksızın insanın ayakta kalabilmesi mümkün değildir. Bu gerçek sanat yapıtlarına nasıl yansımıştır? Bir sanat eserinden yola çıkarak bu durumun araştırılması psikoloji-sanat ilişkisi alanındaki yazınımıza küçükte olsa bir katkıdır.

Bir bakıma anlam, insan yaşamının en temel olmazsa olmazları arasında yer almaktadır. Genel olarak sanatın, özel olarak da; "edebiyatın objesi, insan hayatının iyi ifadeli (expressif) bir dille temsil edilmesidir (representation)" (Plehanov,1987:202). Sanatın da doğrudan konusu olan anlam arayışı sorunu, bizi de içine alarak, yanımızda, yakınımızda sürekli karşımıza çıkar. İnsanı insana en iyi şekilde anlatabilme sorunuyla karşı karşıya olan sanat ve sanat eğitimi doğal olarak bu durumdan etkilenmekte, sanatçı da sanatsal yaratım sürecinin hiçbir aşamasında bu gerçeği görmezden gelememektedir. İnsanın insana en doğru şekilde gösterilmesi, aktarılabilmesi büyük oranda da buna bağlıdır. Kuşkusuz sanat doğrudan insanın ve doğanın birebir kendisi değildir. Ancak Kant'ın da ifade ettiği gibi: "Doğa nasıl ki sanat görünümüne büründüğünde güzel ise, sanat da doğa gibi göründüğünde güzeldir" (Altuğ,1989:121). Ayrıca, anlam sorunu, sanata ve insan yaşamına sonradan eklenmiş bir sorun da değildir; insanın özünde, dolayısıyla sanatın da özünde, gizlidir ve bu özden güç alarak insan yaşamına yön vermektedir. Bu bağlamda denebilir ki insanın anlam sorunu, sanatın da üzerinde sıkça düşündüğü, hatta hep düşündüğü önemli bir sorundur.

Sanat eğitimi, -sanatın ne olup ne olmadığını da içinde barındırdığından- esas olarak "...insanın duygu, düşünce, yeti ve yeteneklerini bir bütün olarak geliştirmeye yönelik yapıcı ve yaratıcı etkinlikleri kapsar" (Etike,1995:15). Bu da onun doğrudan psikolojiyi de içinde barındırdığını gösterir. Bu gerçek, bu çalışmayla bir kez daha vurgulanmaya çalışılmıştır.

4. Anlam Konusunda Olası Sanatsal Araştırmalar ve Çalışmaya Özgü Terimler

Daha önce bu çalışmaya birkaç romanın anlam arayışı bakımından karşılaştırılması düşünülerek başlanmışsa da, araştırmanın sürekli genişleyen bir kapsam içinde ilerlediği görüldüğünden bu amaçtan vazgeçilmiştir. Birçok sanat yapıtı -tek tek ya da karşılaştırmalı olarak resim, müzik, tiyatro, sinema, şiir, öykü- üzerinden böyle bir çalışmanın yapılabilmesi güç olmasa bile oldukça zaman alıcıdır. Bu nedenle çalışma bir romanla sınırlı tutulmuştur. Romandaki temel karakterlerin dışındaki karakterlerden fazla söz edilmemiştir. Adlarından çok az söz edilen bu karakterler konusunda zaten roman sayfaları arasında da yeterli bilgi bulunmamaktadır. Araştırma, doğrudan temel karakterlerle ve onlara yakın konumdaki karakterlerin yaşamları dikkate alınarak yapılmıştır.

Romandan yapılan alıntılar, parantez içinde sayfa numaralarıyla belirtilmiştir. Çalışmaya özgü terimlerin anlamına, araştırmanın ilgili bölümlerinde yeri geldikçe değinilmiştir. Aynı kavramı karşılayan bazı terimler parantez içinde verilmiştir. Bilindiği gibi birçok psikolojik terim dilimize İngilizce olarak girmiş ve böyle kullanılır olmuştur. Eğer karşılığı varsa bu tür sözcüklerin özellikle Türkçe olanları tercih edilmiştir.

Buna karşın anlam ve amaç, sorumluluk, otantik olmama, zeminsizdik, yalıtım, benlik durumu, özel olma miti, anksiyete gibi kavramların daha kapsamlı bir açıklamasının yapılması gerekiyor.

Anlam ve Amaç: Türk Dil Kurumu (1988) tarafından çıkarılan Türkçe Sözlük'te "anlam" sözcüğü şöyle açıklanıyor: "Bir kelimeden, bir sözden, bir davranış veya olgudan anlaşılan şey; bunların hatırlattığı düşünce veya nesne, mana, fehva." İkinci açıklama ise şu şekilde: "Bir önermenin, bir tasarımın, bir düşüncenin veya eserin anlatmak istediği şey." "Amaç" ise aynı sözlükte, erişilmek istenilen sonuç, maksat anlamına geliyor. Diğer anlamları ise "gaye" ve "hedef"... "Anlam"a ilişkin bu açıklamalar arasında, bizi ilgilendiren, daha çok "mana" sözcüğüdür. Ruhbilimsel bağlamda bu sözcük, araştırmaya konu olan anlama daha yakın görünmektedir. Esas olarak anlamdan kastımızsa A. Frankl tarafından kullanılan "Logos" kavramıdır. Yunanca bir kelime olan Logos, "anlam" olarak dilimize çevrilebilmektedir. Logos, Frankl (2000:93-98)'a göre, insan yaşamında temel bir güdüdür ve ancak insanın kendisi tarafından keşfedilebilirse özel bir önem taşır. İnsanın kendi ideallerine, değerlerine ya da herhangi bir şeye -belirli ideal ve değerlere- bağlanması anlamına gelir.

"Amaç" için ise özel bir açıklama yapmaya gerek yoktur. Bununla birlikte açıklama gerektiren önemli bir konu "anlam" ve "amaç" sözcüklerinin farklı çağrışımlarıdır. "Hayatın amacı ve anlamı" dendiğinde, anlam ve amaçtan kastedilen şey hemen hemen aynı gibi görünüyor. Oysa arada bazı farklar var; o da şu: Araştırma boyunca sık sık karşımıza çıkan "anlam"; arayışı, daha doğrusu, sürekli ve vazgeçilemeyen bir arayışı, bu arayıştan doğan yönelişi, tutarlılık gereksinimini ifade ediyor; amaç ise; bu arayış içindeki niyetleri, hedefleri tarif ediyor. Yine de "anlam kaybı" ya da "amaç yitimi" gibi kullanımlarda bu iki sözcüğün ayrılmaz biçimde iç içe geçtiği görülmektedir. Hayatın anlamını kaybeden bir insanın, bir amaç içinde olamayacağı açıktır. Sözcüklerin, kullanım amaçlarından doğan bu denli içiçeliği nedeniyle "anlam" ve "amaç", sözcükleri çalışmanın kimi bölümlerinde birbirinin yerine kullanılmıştır. Ancak bu, herhangi bir karmaşaya neden olmamaktadır.

Sorumluluk: Varoluşsal bir anlam taşımaktadır. Kişinin benlik ve hayat durumunu, özünü, duygularını, mutluluğunu ya da mutsuzluğunu kısaca tüm yaşamının niteliğini kendisinin yarattığının ve yaratacağının farkında olması anlamına gelmektedir (Yalom,2000:346).

Otantik Olmamak ya da Düşmüş Durumda Bulunmak: Varoluşu unutma durumudur. İnsanın alışılmış şekilde kendi benini ve sorumluluğunu unutarak sıradan bir hayat durumu içinde rasgele, kendinden kaçarak yaşamasıdır (Yalom,2000:54).

Zeminsizlik: İnsanın kendi yaratımlarının dışında dünyada herhangi bir anlamın, büyük bir tasarımın var olmadığı bilgisini içerir (Yalom,2000:350-351).

Yalıtım: İnsanın kendiyle, başkalarıyla, dünyayla arasındaki kapatılamayan uçurumu ifade eder. Hayat ve ölüm karşısında duyulan tek başınalık ve çaresizlik duygusudur (Yalom,2000:559).

Benlik Durumu: İnsan şu üç benlik durumu içinde yaşar: Ana baba benlik durumu, yetişkin benlik durumu, çocuk benlik durumu. Bu üç olgunun duruma göre dengeli bir şekilde kullanılabilmesi gerekmektedir. Yalnızca bir alanda yoğunlaşmak empati düzeyi düşürücü bir işlev görür, bu da kişiler arası iletişimi olumsuz yönde etkiler (Dökmen,1998:59-67).

Özel Olma Miti: Her insana özgü mantık dışı bir inançtır. Varoluşun temel sınırları içinde herkes eşittir. Her şeyin başkalarının başına geldiği gibi bizim de başımıza gelebileceği gerçeğinden kaçışı anlatır (Yalom,2000:195)

Anksiyete: Günümüzde yaygın olarak kullanılmaktadır. Psikanaliz ve varoluşçu model bağlamında anksiyete, bir insanın yaşayabileceği en acı duygu olarak tanımlanabilir. Kimi durumda ruhsallığını koruyucu, hayat kalitesini geliştirici, kimi durumda da bunları bozucu ve geriletici bir işlev üstlenebilir. (Geçtan, 1978:133-152)

İKİNCİ BÖLÜM

I. Erkek Karakterler

Romanda anlam arayışı sorunu genelde erkek karakterlerin sorunudur. Erkek karakterlerin büyük çoğunluğu yerleşik değerler doğrultusunda şekillenen anlamları yetersiz bulur. Hatta böylesi anlamları küçümsemektedirler. Esas amaçları topluma yeni değerler kazandırmaktır. Bu yüzden de hayatlarını sürekli gözden geçirdikleri görülür. Duygudan daha çok, mantığın egemen olduğu bir hayat anlamı arayışları vardır. Yaşamaya çalıştıkları anlamlar esas olarak Batı Kültürünün etkisi altındadır. "Hayatta nasıl yaşanmalı?" sorusu hayatlarının temel sorunsalı olarak karşımıza çıkar. Ancak, yaşadıkları anlamlardan zaman zaman kendileri de memnun olmaz. Varoluşsal anlamda ya da kendini gerçekleştirme bağlamında "düşmüş" bir halde yaşarlar. Arayış süreçleri ise hiç bitmez.

Bu bölüm tamamen bu konulara ayrılmıştır. Erkek karakterlerin anlam arayışları, benlik ve kişilik sorunları psikolojik modeller ışığında açıklanmaya çalışılmıştır. Çözümlemeye çalışacağımız en önemli erkek karakterler şunlardır: Cevdet Bey, Nusret, Ömer, Muhittin, Refik, Osman, Ahmet.

1. Cevdet Bey

(Romana adını veren karakterdir)

Romanın ilk bölümü, 1905 yılında yaşanan bir günün öyküsünden oluşmaktadır. Bu bölümde Cevdet Bey otuz yedi yaşında genç bir tüccardır. O sabah, görmüş olduğu bir rüyayı anımsayarak uyanır. Rüyasında eğitim aldıkları sınıfı su basmıştır. Bu su, Cevdet Bey'in teridir. Sınıfı su içinde bıraktığı için 'hoca' onu cezalandırmak ister. Ama buna cesaret edememektedir. Çünkü Cevdet Bey, "Herkesten başkadır, yalnızdır..."*(s.11)

Düşünde, sınıf içinde yapılmaması gereken bir iş yapmış ve sınıfı tehlike içinde bırakmıştır. Buna benzer davranış özelliklerini gerçek hayatta da sergilemektedir. Tüccarlığı seçmiş olmakla başkalarına benzememekte, toplumdan uzaklaşmakta ve hatta değerler yönünden toplum düzenini tehdit etmektedir. Müslüman halkın gözünde ticaret, gayrimüslimlerin işi olarak görüldüğünden iyi bir uğraş olarak algılanmaz. Toplum her bakımdan geridir; katı değerlerle, dini kurallarla yönetilmektedir.

Cevdet Bey, bu yanlış algılamaları ortadan kaldırmaya yönelik davranışları nedeniyle, bir bakıma da yenilikçi biri olarak karşımıza çıkar. Toplum değerlerine aykırı hareket etmek, bilinçaltında bir çatışma yaratır. Söz konusu rüyanın görülmesinde bu çatışmanın da rolü olduğu söylenebilir.

Rüyasındaki hoca Cevdet Bey'i cezalandıramaz çünkü; Cevdet Bey, suçlu olduğu kadar da haklı bir öğrencidir. Toplum, bu rüyada hoca imgesiyle karşımıza çıkar. Rüyada, Osmanlı toplumu bir bakıma da; Cevdet Bey'in bilinçaltı algılamalarında, içinde bulunduğu çıkmazdan, geri kalmışlıktan kurtulmayı istemektedir. Bu konuda ne yapması gerektiğini bilemediği içinse önder ya da önderlere gereksinim duyar. Hoca, Cevdet Bey'deki bu gücü ayrımsamıştır. Cevdet Bey ter'iyle topluma bir çıkış yolu gösterir. Ter, sürekli akacak, toplumun ilerlemesi önünde duran engelleri yıkıp geçecektir. Söz konusu rüya aynı zamanda Osmanlı toplumunun değişme özlemlerinin de simgesel bir anlatımıdır.

Bir konuşmasında arkadaşı Fuat'a, Cevdet Bey şöyle der: "Ben siyasetle hiç ilgilenmedim. Ben bir tüccar olarak siyasettin bana ne gibi bir yararı olacağını anlayamıyorum." (s.43) Fuat'ın Jön Türklerle, daha özgür bir siyasi ortamla ilgili açıklamaları kafasını karıştırsa da zaman zaman ona hak verir. Devletle başının derde gireceğini düşünerek korkar.

Düşündüğü en önemli şey, hiçbir engelle karşılaşmadan ticari hayatını geliştirebilmektir. Zamanla, siyaset-ticaret ilişkisini iyice öğrenecek, mesleki çıkarları için birtakım siyasilerle az da olsa ilişki içine girecektir. Hükümet gibi muhalefeti de karşısına almayacak, herkese eşit uzaklıkta durmak gibi politik bir tutum geliştirecektir.

Cevdet Bey, birçok bakımdan babası gibidir. Aile hayatına onun kadar düşkündür. Henüz evlenip çoluk çocuk sahibi olmadığı halde, yeni açtığı ticarethanesine şöyle bir isim koyar: " Cevdet Bey ve Oğulları İthalat-İhracat-Nalburiye"

Zengin, soylu ve kültürlü bir kadınla evlenmek ister. O güne kadar hiç paşa yetiştirememiş orta sınıf bir aileden geliyor olması paşaları önemsemesine yol açar. Toplumsal konumu nedeniyle sürekli bu üst sosyoekonomik sınıf karşısında ezildiği, aşağılık kompleksi içinde yaşadığı anlaşılmaktadır. Bir paşa kızı olan Nigan Hanım'la yapacağı evliliğin bir anlamı da bu aşağılık duygusundan kurtulma isteğidir denebilir. Çünkü yeteri kadar mal ve mülke ve sosyal prestije sahip olmayanlar için, aile, sosyal etiket, ferdi bir prestij kaynağı olarak da bir işlev üstlenir (Fromm,1982:140).

Baba Osman Bey Kula'da küçük bir memurdur. Eşinin rahatsızlığı nedeniyle tayinini İstanbul'a aldırmak ister. İsteği kabul edilmeyince memurluktan ayrılır. Oysa o dönemde memurluk oldukça önemli, saygın bir iştir. Eşinin sağlığı için ailesinin geleceğini riske atar. İstanbul'da odunculuk yaparak hayatını kazanmaya başlar. Mücadelecidir. Bu yönüyle "entarili miskin"(s.35) toplumdan farklıdır. Yaşadıklarına, uğradığı haksızlıklara kaderdir diyerek razı olmaz. Yaşamını başkalarından çok, kendisi belirler. Geçim yolu olarak da ticareti keşfeder.

Cevdet Bey, toplumsal mücadele konularına karşı ilgisizdir. Bilinçaltında, belki de bu yüzden kendini suçlu hisseder. O güne kadarki ticari başarılarını düşünerek, Nusret karşısında kendini rahatlatmaya çalışır. Ancak Nusret'te, onda olmayan farklı bir şey; yüce bir ideal vardır. Bunu açıkça kendine itiraf edemez. Gizli bir kıskançlık içerisindedir.

Kardeş kıskançlığının altında nasıl bir neden yatmaktadır? A. Adler'in Bireysel Psikoloji Kuramına göre insan doğumdan ölüme kadar güçlü olma çabası içerisine girer. Bunun da kökeninde aşağılık duygusu yer alır. Çocuk doğduğu andan itibaren yakın ve uzak çevresi önünde güçsüzdür. Aşağılık duygusunun oluşumu da bu doğal gelişim sürecinin bir sonucu olarak ortaya çıkar. Güçsüz ve çaresiz durumdaki çocuğun kendinden büyük olanlara karşı kıskançlık duyması kaçınılmazdır. Her çocuk, anne baba ilgisinin ve sevgisinin yalnızca kendi üzerine yönelmesini ister. Büyük kardeşse, yeni bir kardeşin doğumuyla zaten perişandır; tahtını çaldırmış, tacını yitirmiş gibi bir duygu yaşar (Adler,1995:182).

Cevdet Bey'in Nusret'e yönelttiği küçümsemelerinin altında aslında gizli bir hayranlık da saklıdır. Çünkü Nusret ne kadar sorumsuz görünse de özgür bir insandır. Yanlış toplumsal değerlerin, öğretilerin, anlayışların hayatını şekillendirmesine Cevdet Bey kadar izin vermemektedir. Ayrıca kendi hayatını, başkalarının kurtuluşu için hiçe sayabilecek kadar cesurdur. Ya da öyle görünür. Okumuş, aydın bir insandır, ancak parasızdır. İnsanlar onu belki de bu cesareti, deli doluluğu, parayı fazla önemsemiyor oluşu yüzünden Cevdet Bey'e göre daha güvenilir ve daha cana yakın bulmaktadır.

Ticari başarılarını ve amaçlarını, ağabeyi Nusret karşısında duyduğu aşağılık kompleksini, entelektüel birikimsizliğini aşabilmenin aracı olarak görmektedir. Ağabeyinin sahip olamadığı şeye, yani paraya ve her koşulda iyi para kazanabilme yeteneğine sahip olmaktan dolayı gizli bir gurur içinde olduğu görünür.

Cevdet Bey'in yaşamı, analitik olarak ister güdü, varoluşsal olarak isterse istenç kavramıyla açıklansın, Nusret'in yaşamından etkilenmektedir. Yaşamının anlam arayışına da bir bakıma bu ilişki yön vermektedir denilebilir. Sonuçta hangi kurama dayanırsa dayansın psikolojik yorumlar, genelde eğer bir anlam ifade ediyorlarsa, mantıklı bir tutarlılık içindelerse, içinde bulunulan çevreyle uyumlularsa, eğer doğru gibi algılanıyorlarsa, içsel deneyimlere denk düşüyor ve birçok benzer duruma uygulanabiliyorlarsa etkindirler (Yalom,2000:543).

Roman'ın ikinci bölümü 1936-1939 yılları arasında geçen olayları kapsar.

Aradan yıllar geçmiş Cevdet Bey, başarılı bir ticaret adamı olmuştur. Osman, Refik, Ayşe adında üç de çocuk sahibidir. Yaşamının en önemli amaçlarını gerçekleştirmiştir. İlerlemiş yaşı nedeniyle bir takım sağlık sorunları yaşamakta, bu yüzden de eskisi kadar işleriyle ilgilenememektedir. Bu yüzden de işlerini artık oğulları idare etmektedir. Gerçekleştirmeyi istediği bazı şeyleri gerçekleştiremediğini düşünmektedir. Hayatını gözden geçirince, "Alafranga bir hayat kurayım dedim ama sonunda hepsi alaturka oldu!"(s.110) der.

İçinde bulunduğu toplumun geri kalmışlığıyla, yoksulluğuyla hiç ilgilenmez. Eskiden siyasetten ne kadar uzaksa şimdi de o kadar uzaktır. Kurtuluş savaşı yıllarında halk cepheden cepheye koşarken, o İstanbul'da, sürekli, nasıl daha çok para kazanabileceğinin hesabını yapmıştır. Bir söylentiye göre de karaborsa şeker satarak haksız kazanç elde etmiştir. (s.167)

Yıllar sonra "Yarım Asırlık Ticaret Hayatım" adında bir kitap yazarak nasıl ticaret yapılması gerektiği konusunda halkı aydınlatmaya karar verir. Ancak, emeklilik günlerinin bu tek projesini bir türlü gerçekleştiremez. Odasında yazacaklarını düşünürken bir ara çok sinirlenir: "(...) Ah, ben böyle mi olacaktım! Ben böyle zavallı saçmalıklarla uğraşmayı iş mi sayacaktım!"(s.203) der. Buna neden o güne kadar yaşamını istediği gibi yaşayamamış olmasıdır denebilir. Hayatı boyunca kendini çalışmaya vermiştir. Hırs içinde çalışırken ailesi dışında kimseyi düşünmemiş, ne yapmışsa kendisi ve çocukları için yapmıştır. İşini yalnızca yapması gerektiğine değil de, yaşayarak yapması gerektiği fikrine hiçbir zaman ulaşamamıştır. Bu yüzden de kötü bir yaşlılık ve emeklilik dönemi geçirmektedir. Bu da doğaldır çünkü: "...işlerini yaşayarak yapanlar, emekli olunca bu kez de emekliliğin tadını çıkarmayı becerirler. Yaşamaktan zevk almak yerine, yalnızca çalışmaktan zevk alanlar, emekli olunca perişan olurlar" (Dökmen,2000:202).

Sıklaşan ölüm kaygıları içindeyken bir ara ağabeyi Nusret gelir aklına. Kalp krizi yaklaştıkça anıları derinleşir, bilinçaltı duyguları açığa çıkar: Yıllar önce iki küçük kardeş bir odaya kapanmış oyun oynamaktadır. Küçük Cevdet yorganın altındadır. Üzerine çıkan Nusret yüzünden havasız kalmıştır. Tıpkı o günkü gibi odanın içinde havasız kalır. Artık ölmek üzeredir. Yaşamının bu en kritik son birkaç saniyesi içinde neden böyle bir anı aklına takılmıştır? Aradan geçen onca yıla rağmen hala Nusret'in kişiliği altında ezilmeye devam ettiği söylenebilir. Böyle kişilerin "Yaşama verdikleri anlam kişisel bir nitelik taşır. Amaçlarına eriştiklerinde bundan yararlanacak olan yalnızca kendileridir, tüm ilgileri yalnızca kendi şahıslarına yöneliktir. Başarı yolunda çaba harcamalarının amacı, hayli kişisel bir üstünlükten başka bir şey değildir, elde ettikleri zaferler yalnızca kendileri için bir anlam taşır. (...) Yaşama verilen kişisel anlam gerçek bir anlam sayılmaz asla. Bir anlamdan söz edilebilmesi için, onun başka insanlarla ilişki içinde olması gerekir" (Adler,1997:11-12). Bu yüzden Nusret'in yaşamı, bilinçaltı süreçte, Cevdet Bey'e göre, insanlık yararına ideal düşüncelerin doruk noktasıdır. Bu gerçek, yaşamının son birkaç saniyesi içinde iyice su yüzüne çıkar. Cevdet Bey, yorganın altında can çekişirken Nusret hala yorganın üzerindedir. Bu şekilde Nusret, son bir kez daha ona şöyle demektedir: Ben her zaman senden üstündüm.

2. Nusret
(Cevdet Bey'in ağabeysidir.)

Nusret'in kişiliğine bilinç süzgecinden geçirilmiş mantıklı tepkiler değil, daha çok mantık dışı, duygusal tepkiler egemendir. Hayat algısında ve davranışlarında bir takım psikolojik rahatsızlıkların ipuçları saklıdır. Bu türden uyumsuz ve katı davranışlarsa nevrotik bir içerik taşır (Yalom,2000:193).

Sevgilisiyle İstanbul'da bir otel odasında kalır. Sık sık Avrupa'yı, Avrupa'nın kültürel ortamını düşünür. Daha önce gidip görmüş olduğu bu yerleri özlemle anar. Yapıcı olmayan bir tarzla sürekli toplumu eleştirir. 'Entareli miskinler' toplumunun; yani "nesnel kültür" (Kula,1992:17-18) ögelerinden yoksun olan Osmanlı halkının arasında beklentilerine ters düşen oldukça kötü bir hayat sürmekte; dışarıda dolaşan, nefret ettiği, 'miskinler sürüsü' olarak adlandırdığı insanları görmemek için bir aydır odasının pencerelerini açmamaktadır.

"Bu çirkin ve iğrenç dünyada ancak aptallar mutlu olabilir..."(s.78) der. İlericilik adına dile getirdiği görüşleri hiçbir zaman davranışa dönüşmez. Yalnızca tutum olarak kalır.

Oğlu Ziya'nın eğitimi ve geleceği söz konusu olunca her açıdan eleştirdiği Cevdet Bey'e: "Görüyorsun ki çok fenayım. Birkaç günlük ömrüm kaldı, biliyorum! Şimdi yapmak istediğim tek şey, Ziya'nın geleceğini güven altına almak. Senin yanında yaşarsa bu olur! Ama Haseki'de akrabaların, köyde annesinin yanında kalırsa onlar gibi Allah'a inanır, olmadık yalanları doğru sanır, herkes gibi uyuşuk biri olur, dünyayı anlayamaz."(s.74) der.

Yaşama isteği bazen ağır basar, 'her şeyin sonunun nereye varacağını' görmek istediğinden söz eder. Ancak, bir türlü başarılamayan toplumsal dönüşümün adeta kendiliğinden gerçekleşmesini bekler gibidir. "Fransa'da olduğu gibi ülke karanlıktan kurtuluncaya, Abdülhamit yıkılıncaya, her şey aydınlık, temiz, namuslu, iyi oluncaya kadar..."(s.28) odasında kalacak, penceresini bile açmayacaktır.

Bir aydın olarak sürekli toplumun duyarsızlığından yakınmaktadır. Oysa o günlerde toplum büyük bir devinim içerisindedir. Abdülhamit'e bombalı bir suikast girişiminde bulunulmuştur. Onca ölüme, kıyıma, sürgüne, gözdağına karşı acımasız bir padişah ölümle tehdit edilmektedir. Muhallebi sohbeti yapanları gördüğü kadar Nusret, bu olayları ve bu olayları yaratan insanları görmemekte, görse de önemsememektedir. Padişahlığa karşı değil de Abdülhamit'e karşı verilen bu mücadeleyi zaten gereksiz bulmaktadır. Bir Abdülhamit ölür, yerine başka bir Abdülhamit gelir, önemli olan cumhuriyeti kurmaktır. (s.82)

Daha ileri bir siyasal modeli arzuluyor olması, aslında daha doğru siyasal bir çizgi tutturmuş olmasından değil, kişiliğinin eksik yanlarını ödünleme çabasından kaynaklanmaktadır. Kişisel sorunları nedeniyle toplumsal bir sorumluluk üstlenebilme gücünden yoksundur.

Vereme yakalanmasında, fazla alkol kullanmasının önemine işaret edince o gün Cevdet Bey'e çok kızar: "Demek, boş yere içmişim! Tabii içtim. Çünkü ancak içki gemleyebiliyordu beni. Benim kafam seninki gibi küçük hesaplarla değil, nefretle, öfkeyle dolu."(s.81) der. Depresif ve anksiyeteli bir kişilik özelliğine sahiptir. Yaşamakta olduğu hastalıksa içinde bulunduğu bu depresif durumu sürekli körüklemektedir.

Kafasında, o günün koşullarına göre gerçekçi sayılabilecek toplumsal bir kurtuluş planı yoktur. Toplumdan ve kendinden hep şikayetçidir. Varoluşun yarattığı ruhsal gerilimden ancak bu şekilde, paranoid bir tutumla kurtulmaya çalışmaktadır. Paranoid kişiler, "...açıkça sorumluluğu diğer bireylere ve güçlere yüklerler. Kendi duygu ve arzularına sahip çıkmaz ve başkalarına atfeder ve sıkıntı durumlarını ve başarısızlıklarını dış güçlerin sonucu olarak açıklarlar hep" (Yalom,2000:360).

Alkole karşı nasıl bir bağımlılık içindedir? Bunun Alfa tipi bir bağımlılık olduğu söylenebilir. Alfa tipi alkol bağımlıları sorunlarını, sıkıntılarını, bunalımlarını hafifletmek için fazla içki kullananlardır. Denetimlerini yitirmezler ve yoksunluk belirtisi göstermezler. Psikolojik bağımlılık olmakla birlikte fizik bağımlılık yoktur. Bu tip kişilerde, başkalarıyla gerçek duygusal ilişki kuramama, depresyon belirtisi olan yalnızlık, güvensizlik, değersizlik, aşırı bağımlılık (oral kişilik), başkalarına karşı örtülü saldırganlık, yeterli cinsel olgunlaşmadan yoksunluk gibi özellikler görülür (Ankay,1998:167-168). Alkol bağımlılığı, bir, hep hiç sorunu değil, bir derece sorunudur. Birine alkolik demek için, o kişinin alkole olan düşkünlüğünün fizik sağlığında, meslek, aile yaşamında ve toplum yaşamında önemli sorunlar yaratıp yaratmadığına karar verilmesi gerekmektedir (Sayıl,1987:109-110). Cevdet Bey'in de dediği gibi alkol fizik sağlığını olumsuz yönde etkilemiştir. Bağımlılık derecesi yüksek olmasa bile alkolün, kişiliğini ve yaşamını azımsanmayacak derecede etkilediği açıkça görülmektedir.

Sevgilisi Mari, bir sevgiliden çok, her işine koşan, bakıcı bir kadın konumunda karşımıza çıkar. Söz ve davranışlarında ona yönelik bir küçümseme sezilir. Karısından uzun zaman önce ayrılmıştır. İlerici görüşleri bir bakıma bu evliliği sürdürmesine engel olmuştur. (s.82) Karısı cahildir. Sorduğu sorulara istediği karşılıkları alamamaktadır. Daha fazla dayanamayarak hamile karısını babasının evine yollar. Mari'yle olan ilişkisinde de buna benzer bir durum söz konusudur. Kapandığı odada sevgilisiyle mutlu bir beraberlik yaşamamakta, kendi deyimiyle yalnızca 'Hıristiyan bir kadınla' ölümü beklemektedir. (s.79) Bazen çok akıllı olduğundan bazen de hiç de öyle olmadığından söz eder. Duyguları dengesiz bir şekilde umutla umutsuzluk arasında gider gelir. Uzun zamandır ölüm beklentisi içinde yatarken birdenbire kararlı bir şekilde yaşamak istediğinden söz etmeye başlar. (s.81) Oysa az önce kendisini tedaviye gelen doktora durumunun son derece kötü olduğundan ve yakında öleceğinden söz etmiştir. Çünkü o da bir doktordur ve veremli bir hastanın ne zaman öleceğini az çok bilmektedir.

Sürekli çevresindeki insanlarda yakında öleceği izlenimi uyandırmakta, gerçek buysa bile, umutsuzca ilgi gereksinimini doyurmaya çalışmaktadır. Bu davranışının altında yatan bir diğer neden de, öleceğim kaygısı yaratarak çevresindeki insanları cezalandırma isteğidir. Bu suçlu çevrenin kendisine en yakın olan bireyleri ise kardeşi Cevdet Bey'le, sevgilisi Mari'dir. Cevdet'le Mari, bu zamansız ölüm karşısında kendilerini ne kadar suçlu hissederlerse o da kendini o kadar iyi hissedecektir. Çünkü o, birçok şeyi bilen ve görendir. Halbuki çevresindeki insanlar, yaşamın en sıradan, en işe yaramaz konularıyla mutlu olabilen basit insanlardır. Onların bu duyarsızlığı yüzünden ülke ve birey sorunları içinden çıkılamaz bir hal almıştır. Mademki kimse onun gibi düşünüp davranmamaktadır, o halde yapılması gereken en önemli şey bir an önce ölüp kurtulmaktır. Bu şekilde davranarak adeta mağdur durumda bir Mesih rolü oynar.

Bir ara adeta panik atak durumunda, yeniden Paris'e dönme arzusunda olduğundan söz eder. Yurt dışına çıkma planlarından söz ederken Mari'yi yok saymaktadır.

Askeri tıp eğitiminden sonra iki yıl bir hastanede staj görür. Anadolu ve Filistin'de birkaç yıl doktor olarak çalışır. Çalıştığı yerlerde hırçın ve kavgacı kişilik özellikleri yüzünden sık sık başı derde girer. Bu yüzden bir süre oradan oraya sürgün edilir. Cevdet Bey'in düşüncesine göre doktorluk aslında hiç de ona uygun bir iş değildir. Paris'e gitmeyi istemesinin asıl amacı tıp eğitimini sürdürmek, cerrahide uzmanlaşmak değil, kabına sığmayan kişiliğini yurt dışında avutma isteğidir. (s.24)

Dağınık, hırçın, taşkın kişiliği İstanbul'da, kaldığı pansiyon odasında da başına dert olur. Hasta haliyle ahlak dışı davranışlarda bulunduğu, diğer müşterileri rahatsız ettiği yolunda söylentiler vardır. Bu yüzden pansiyondan atılmakla tehdit edilir. (s.25) Bunlar, genel olarak 'yetişkin benlik durumundan uzak, "çocuk benlik durumunda" bir yetişkin olduğunun önemli göstergeleridir. Doktorların hastalığı hakkında öne sürdüğü, uyması gereken tıbbi gerçekleri bile dikkate almamakta, hatta onlarla alay etmektedir. (s.23) İlerleyen hastalığına rağmen hiçbir uyarıya aldırmamakta ve içmeye devam etmektedir. Baş edemediği ölüm anksiyetesinden bir nevi bu yolla, yani gizli bir intiharla kurtulmaya çalışmaktadır.

Toplumsal sorunların kesin çözümü için aklına gelen şey, insancıl bir içerikten tamamen yoksundur. Her şeyin düzelmesi için kanlı bir ihtilal beklentisi ya da özlemi içindedir. Giyotinler günlerce çalışmalı ve bütün Osmanlı hanedanlarının ve kadrolarının kanı Sirkeci'den denize akıtılmalıdır. (s.83) O günün psikolojik ortamında böyle düşünmüş olması doğaldır ancak, önemli olan bu sözlerin görünen anlamı değil, arka planında yer alan gizli duygulardır. Topluma duyduğu öfkeden, kızgınlıktan mantıklı düşünebilme yetilerini kaybetmiş gibidir. Her isteğinin ne pahasına olursa olsun en kısa zamanda gerçekleştirilmesini isteyen, aşırı şımartılmış bir çocuk gibi davranmaktadır. Adler (1997:8)'in yorumuyla; bütün şımartılmış çocuklar gibi o da bütün isteklerine çevre tarafından kanun gözüyle bakılmasını istemektedir. Şımartılmış çocuk kişiliği, bu ve buna benzer birçok davranışına temel oluşturur. Peki, gerçekten şımartılmış bir çocuk mudur? Böyle olduğuna ilişkin elimizde bazı ipuçları vardır. Çocukluk yaşantılarını incelediğimizde uzun zamandır hasta, (veremli) bir anne çıkar karşımıza. Ölmekte olan eğitimsiz bir annenin çocuklarını şımartmadan, belli bir disiplin içinde yetiştiremeyeceği olasılığı oldukça yüksektir. Zaten Nusret'in de kişiliğinde bu tezimizi doğrulayacak birçok belirti vardır. Mesleki başarısızlığı, kural tanımazlığı, uyumsuzluk sorunları, alkol bağımlılığı, birçok konuda bencilce yaklaşımlar içinde olması gibi...

Gerçekte toplum için fazla kaygılanmamakta, üstesinden gelemediği kişisel sorunlarını ideolojik bir tutumla ya da toplumsal bir kaygılanım görüntüsü altında gizlemeye çalışmaktadır. Jön Türk hareketinin içinde yer alması, şımartılmış yetişkin çocuk kişiliğinin zayıf yanlarını umutsuzca ödünleme çabasından kaynaklanır. Kaçıp kurtulmak istediği yanlış örüntüler ağı aslında Osmanlı toplumu değil, kişiliğinin zayıf yanlarıdır. Bilinçaltı süreçte, topluma karşı duyduğu nefret, kendine de yansımaktadır. Çünkü ne kadar nefret etse de sonuçta o da bu toplumun bir parçasıdır. Bu yüzden bu gerilimli durumdan bir an önce kurtulmak ve kendini yeniden değerli hissetmek ister. Bunun için de en uygun yer olarak Avrupa'yı görür. Çevresi ne kadar kültürlü, aydın insanlarla dolu olursa o da o kadar rahatlayacak, kendini değerli bulacak, mutlu olacaktır.

Zeki bir insandır ancak, elinde olmayan nedenlerden dolayı zihinsel güçlerinin ve yeteneklerinin hakkını verememiş, ilerleyen hastalığı nedeniyle de bu umudunu iyice kaybetmiştir. Sonuçta gerektiği gibi yaşanamayan bir hayatın acısıyla anksiyeteli bir kişilik geliştirmiştir.

Bu durumda sonuç ne olacaktır? Olacak olan, Fromm (1982:39) da belirtiği gibi şudur: "Bir yere ait olamadıkça, hayatının bir anlamı ve yönü bulunmadıkça kendini bir toz zerreciği gibi hissedecek ve kendi önemsizliği duygusuna kapılıp gidecektir. Hayatına bir anlam ve yön verebilecek bir siteme bağlanamayacak, şüpheler içinde kalacak ve bu şüpheler eninde sonunda onun hareket etme -yani yaşama- gücünü felce uğratacaktır." Umutsuz hastalığının da etkisiyle hızla tükenecektir.

3. Ömer

(Cevdet Bey'in oğlu Refik'in arkadaşıdır.)

Ömer, Refik'in mühendis mektebinden arkadaşıdır. Dört yıl Londra da yüksek inşaat mühendisliği okuduktan sonra tekrar İstanbul'a döner. Varlıklı bir aileden gelmektedir. Yurt dışında babadan kalmaları yemiş, gezmiş, tozmuş, bir ara doktora yapmayı düşünmüş, daha sonra yüksek mühendis diplomasıyla yetinmeye karar vermiştir.

Sık sık 'fatih' olmayı düşünür. Çünkü Avrupa onu böyle yetiştirmiştir. Bazen, "Sakın Avrupa'da öğrendim dediğim şeyler saçma şeyler olmasın?"(s.137) diye kaygılanır. Bütün yaşamına Avrupa kapitalist modernite anlayışının, para eksenli ahlak anlayışı yön verir.

O da Cevdet Bey gibi özel olduğu inancına büyük yatırım yapar. Daha çok üstün olma ideali yaşamına yön vermektedir. Çoğu zaman abartılı, çarpıtılmış bir iç görüyle düşünür ve konuşur. Zaman zaman içinde bulunduğu durumun vahametini kavrar: "Biliyorum, bu halimde biraz belki sapıklık var."(s.132) der.

Ona göre de toplum geri ve kötüdür. Kendini asla başkaları gibi, "tutkusuz bir aile hayatının uyuşuk, rahat, hımbıl yumuşaklığına"(s.126) bırakmayacaktır. Başarı nevrozunun etkisiyle sürekli kendini başkalarından ayrı tutar. Yine de kendinden memnun olamamaktadır. Çünkü böyle kişilerde bireysel ifade ve başarı isteğine bir süre için büyük coşku eşlik etse de arkasından gelecek olan duygu anksiyetedir (Yalom,2000:211).

Arkadaşlarının da dediği gibi "Türkiye kendi çöplüğü"(s.94) dür. Burada her şey ona göredir. Aşırı derecede hırslıdır. "Bütün o şeyi... Hayatı, önüme gelen her şeyi ele geçirmek istiyorum!"(s.96) der. "Güzel kadınları, parayı, şanı, şerefi, şöhreti..." her şeyi istemektedir. Hem de bu uğurda can yakacak kadar... Bu abartılı dünya görüşü, Adler'in sözünü ettiği aşağılık kompleksinin bütün renklerini taşımaktadır. Sevecenlik arzusu gibi, refaha ulaşma arzusu da normal ölçüler içinde kaldığı sürece elbette ki nevrotik bir içerik taşımaz. Normal güç arayışı güçlü olma isteğinden, sinirceli güç arayışı ise zayıflıktan doğar

(Adler,1990:120-121). Abartılı amaçlarının altındaki psikolojik nedenlerinse hiçbir zaman farkında olamaz. İnsan davranışlarına yön veren güçse esas olarak farkına varılamayan duygu ve isteklerdir (Dökmen,2000:114).

Yapılan inkılapları küçümsemek için adeta fırsat kollar. (s.189) Sık sık toplumu eleştirmekle birlikte, abartılı yaşam idealleri yüzünden, hatalı toplumsal yapılarla bütünleşmekte olduğunun farkında değildir. Erikson (1984:25)'un da ifade ettiği gibi: "Eğer kişi biricik yükümlülüğü olarak işini görür ve değerliliğin tek ölçütü "işe yarama" -onun için bu, "her şeye" sahip olacak kadar para kazanmaktır- olursa, teknolojinin ve kendini sömürme konumunda olanların uydumca (conformist) ve düşüncesiz kölesi durumuna gelir." O da bir bakıma bu abartılı ideallerinin, toplumsal hataların kölesi durumundadır.

Arkadaşı Muhittin'e bir gün, kendisini eskisi kadar hırslı bulup bulmadığını sorar. Muhittin, beklemediği ya da duymak istemediği bir yanıt verir. Bu yüzden canı sıkılır. (s.196) Çünkü hırslı olduğuna ya da göründüğü gibi olmadığına kendisi de inanmamaktadır. Gerçek benlik durumunun yarattığı bu gerilimden kurtulmak için ideal benlik algısına sığınır. Yapılan eleştiri ağır gelir. "Ben eskisinden daha da hırslıyım. Hem o kadar hırslıyım ki eskiden yaptığım gibi hırsımla övünmüyorum da... "(s.197) diyerek kendini rahatlatmaya çalışır. Bu tür durumlarda yapılanlarla yapılmak istenen şey aynı değilse savunucu davranış daha çok açığa çıkar (Cüceloğlu,1987:83).

Özellikle para kazanma konusunda romanın en hırslı, en etkin karakterlerindendir. Fromm (1995:28)'un da ifade ettiği gibi, "Çağımızdaki kullanılışıyla "etkinlik" sözcüğü, içinde bulunulan durumu çabayla değiştirecek bir eylemi anlatır." Bu şekilde; dışsal bir amaca yönelmiş olan etkinlik, belki anlamlı sonuçların da yaşanmasına neden olur. Ancak her etkinlik yarattığı sonuçlar bakımından doğru bile görünse gücünü sağlıklı bir kişilik yapısından mı almaktadır? Örneğin derinlerde yatan güvensizlik duyguları sonucu, aşırı derecede para ve güç gereksinimi nedeniyle, kendini çalışmaya vermiş bir bireyin etkinliği... Gerçekte böyle bir etkinlik "edilgenlik"ten başka bir şey değildir. Çünkü bu tür bir etkinlik gücünü bireyin özgür iradesinden almamaktadır. Birey kişisel sorunlarından dolayı bu duruma itilmiştir; yani buna benzer nedenlerden dolayı o amacı değil amaç onu seçmiştir" (Fromm,1995:28). Tıpkı Ömer'in yaşamında olduğu gibi... O halde gerçek 'etkinlik' nedir? Kimi durumlarda gerçek etkinlik pasif görünümlü de olsa zihinsel süreçlerde yaşanır. Örneğin, kendini tanımak, evrenle arasındaki birliği duymak için sakin sakin düşünen bir insanın yaptığı gibi (Fromm,1995:28) ... Sonuçta etkinlik, gücünü sağlam bir kişilik yapısından alıyorsa birey ve toplum yararına önemli bir kazanımdır. Aksi takdirde bu, etkinlik olmaktan çıkar, Spinoza (1964:280-283)'nın da ifade ettiği gibi "tutkuya" dönüşür. Bu yüzden Ömer'in güç gereksinimine dayalı etkinlikleri gerçek anlamda bir etkinlik değil, tutkudur.

Bir süre sonra çalışmak için gittiği Kemah'ta umduğu gibi iyi para kazanır. Böylece bütün değerini kazandığı ve kazanacağı parada görür. Ancak bu paranoid çözüm, gerçek, yani potansiyel benliğiyle uyum içinde yaşayabilmesi konusunda sürekli yetersiz kalır. Kuşkusuz bütün amacı sıradanlıktan kurtulmak, daha anlamlı bir hayat yaşamaktır. O da herkes gibi doğanın denetimsizliği ve denetlenemezliği karşısında çaresizdir. Her insan daha anlamlı ve kalıcı işler yaparak bu aşağılık duygusundan kurtulmak ister. Bu çaba ufkumuzu daraltmayan, bizi toplumdan soyutlamayan, birlik ve bütünlük duygusu içinde yaşamamıza olanak sağlayan bir çaba olmalıdır. Ömer'se, bu amaçlar doğrultusunda değil de daha çok kişisel amaçları doğrultusunda yaşamaktadır.

Yanında çalıştığı Kerim Naci Bey, milletvekili ve aynı zamanda bir toprak ağasıdır. Kişilik ve başarı yönünden onunla gizli bir hesaplaşma içindedir. Çünkü birçok kişi zenginliğinden ve kariyerinden dolayı K. Naci'ye hayrandır. (s.322) Bu model karşısında kendini başarısız görür.

Geçtan (1997:54-55)'ın da belirttiği gibi, "Eğer bir insan, abartılmış bazı davranışlar gösteriyorsa gerçekte o davranışların tam karşıtı duygular yaşamakta olduğunu düşünmek gerekir." Sürekli "fatih" olmayı istemesi bu bağlamda yorumlandığında kişiliğinin güçsüz yanları daha açık görülebilmektedir. Güçlü olmayı isteme gerçekte bir iktidar aşkıdır. "Bu arzu insan yaşamının esaslı bir parçasıdır ve enerji sahibi bir insanın yaradılışında hem büyük hem de çok önemli bir yer tutar. (...) Bununla birlikte, bir araç olarak algılanan iktidar ile bir amaç olarak algılanan iktidar arasında büyük bir ayrılık vardır" (Russel,1990:270). Amaç olarak görülen iktidar, bir takım kişisel zaafların sonucu olarak kazanılmaya çalışılır. Araç olarak görülen iktidar arzusu ise bireyin başarmak istediklerinin sonucu olarak ortaya çıkar (Russel,1990:270). Bu bağlamda ele aldığımızda Ömer'in fatih olma arzusu, araç olan değil, amaç olan bir arzudur.

Toplumun ve inkılapçı kadroların örgütlü kalkınma çabaları ona göre bir anlam ifade etmemektedir. Anlamlı bulduğu tek şey, kendi kişisel çıkarları doğrultusunda verdiği mücadeledir. Hayatına ışık tutan motif, açıkça, abartılı bir bireyselleşmedir. Kendisi dışında kimsenin kurtuluşu ve özgürlüğü için bir şey yapmayı düşünmemektedir.

Birlikte çalıştığı Alman Meslektaşı Herr Rudolph'a göre onun da ruhu bu toplumla uyuşamamaktadır. Herr Rudolph'la zaman zaman Doğu ve Batı toplumlarının karşılaştırmasını yaparlar. Öğrencilik yıllarında buna benzer sohbetlere o da katılmıştır ancak köprünün altından çok sular geçmiştir. O günlerdeki toplumsal sorunlar karşısındaki duyarlılığını şöyle açıklar: "Eskiden de tartışırdık, ama düpedüz eğlenceydi o tartışmalar." (s.331)

O, hiçbir zaman Doğulular gibi yaşamayacaktır. Çünkü onlar "miskin"dir, "uyuşuk"tur. O günlerin Avrupa'sında -bugün bile- bu görüş son derece yaygındır. Hitler döneminde Yahudilere her türlü zulmün yapıldığı ünlü Auschwitz toplama kampında tutuklular arasında "Müslüman" kelimesi; "Perişan, kendini bırakmış, hasta, bir deri bir kemik ve fizik olarak daha fazla çalışamayan..." (Frankl,2000:29) anlamına gelmektedir. Bu bilgiler ışığında düşündüğümüzde Ömer'in neden, kendi toplumu başta olmak üzere, bütün Doğu toplumlarına karşı acımasız bir eleştiri yönelttiği daha anlaşılır olmaktadır. Ancak yine de her davranışında olduğu gibi bu davranışında da aşırı abartı vardır. O, hiçbir zaman "uyuz bir Türk"(s.131) olmayacaktır. Bir yetişkin gibi değil de her durumda adeta çocuk benlik durumunda bir yetişkin gibi davranmaktadır. Kafasındaki Türkiye algısı son derece kötüdür. Kerim Bey ve çevresindeki herkes iki yüzlüdür. Rousseau'nun görüşlerini önemseyen arkadaşı Refik'e bir gün, "Rousseau Türkiye'de yaşasaydı bir falakadan geçirir adam ederlerdi."(s.332) der. Refik'in, "... Hiçbir şeye inanmadan nasıl yaşıyorsun, anlamıyorum," demesi üzerine şöyle der: "Ne var bunda? Herkes öyle yaşıyor. Bir şeye inanmadan yaşayan bir ben miyim?"(s.333)

Beğenmediği çevrenin kirli ilişkilerine zamanla o da bulaşır. İşlerini zamanında bitirebilmek için bazı memurlara rüşvet vermek zorunda kalır. (s.346) Para kazanmaya başladığı için İnsanlar, artık ondan söz ederken "zengin herif"(s.347) diye söz edeceklerdir. O her zaman doğru olanı yapan ve yaşayandır ancak, her açıdan, kendine layık olmayan geri bir toplumda yaşamaktadır. Oysa Cumhuriyet, çağdaşlaşma sorunu yaşayan birçok ülkenin yıllarca gerçekleştiremediği birçok yeniliği hızla hayata geçirmiştir. Bu yönüyle, içinde yaşadığı toplumun gerçekte, 'toplumsal bir fatih' olduğunu hiçbir zaman göremez.

Abartılı davranış ve düşünce yapısı, kişiliğinin en önemli özelliğidir ve her amacı bireyseldir. Başkalarını içermeyen bu türden amaçlarınsa insanı mutlu edemeyeceği açıktır. İnsan iki şekilde anlam arayışı içinde bulunabilir: Birinci durumda anlam, aşırı derecede bireyselleştirilerek evrensel bütünlükten soyutlanır. İkinci durumda ise evrenle uyumlaşır, iç içe geçer. Birinci yolda yürümek son derece streslidir, ikinci yolda yürümek ise insanı geliştirir, bilgelik ve rahatlık verir (Dökmen,2000:148).

Arkadaşı Muhittin'i şair olduğu, parayla fazla ilgilenmediği için küçümser. Çünkü şairlik sessiz bir iştir. (s.130) İnsan şiirle hiçbir şeyi kırıp dökemez, hiçbir şeyi ele geçiremez. Büyük amaçlar gerçekleştirilmek isteniyorsa günlük hayatın çekiciliğinden, küçük mutluluklarından uzak durulmalıdır.

Yaşamının en güçlü modeli Kerim Naci Bey'dir. Çünkü o, "...her yeri, her köşeyi tutmuştur!"(s.326) Kendisinin uzlaşamadığı toplumsal değerleriyle uzlaşmış, bunun sonucu olarak da geleneksel bir karizmaya sahip olmuştur. O ise yürürlükteki toplumsal ahlakı önemsememekte, hatta bu ve buna benzer bütün ahlak anlayışları için, "Ahlak! Neye yarar?.."(s.327) demektedir. Yaşamsal amaçları ve inandığı yaşam anlamı toplumsal bütünün değerler sisteminden kopmuş, çevresine yabancılaşmıştır. Tezcan (1991:223)'ın da belirttiği gibi "Yabancılaşma kavram olarak bireysel psikolojik bir durumdur. Yani bireyin üyesi olduğu toplumdan uzaklaştırılmış, o topluma ve kültüre düşman olan, reddeden kişi demektir." Oysa, "Kendi varoluşunun farkında olan kişi, -toplumla uyumlaşarak- varoluşuna uygun bir yaşam sürdürebilir ki buna "otantik yaşam" denilir; otantik yaşam kişiyi özerk kılar." (Dökmen,2000:48).

Çok para kazanmış olmasına rağmen hala yaşamında eksik olan bir şeyler vardır. "Freud bu duruma başarıyla mahvolma sendromu demektedir. Bazı insanlar başarıyı kindar bir şekilde diğerlerinden üstün olma yöntemi olarak kullanır; başarı çok büyük hale geldiğinde ise diğerlerinin kendi güçlerinin farkına varıp karşılık vermesinden korkarlar. Freud bunun insanın babasından üstün olmasıyla ve böylece iğdiş edilme tehdidine karşı korumasız kalmasıyla ilişkili olduğunu düşünür. E. Becker'se, bir insanın babasından üstün olmasındaki korkunç şeyin iğdiş edilme değil, insanın kendi babası olması şeklindeki korkunç olasılık olduğunu söyler" (Yalom,2000:212).

Daha öce belirlediği amaca ve anlama olan inancı sarsıldıkça duyduğu acı büyür. Değişmekte olduğu gerçeğini görmezden gelerek bu acıyı hafifletmek ister. Yeniden, var gücüyle fatih olma idealine tutunur. Artık zengin olduğuna göre fatih olma yolunda az yol kat etmemiştir. Ancak, bir fatih olarak evlilik sürecine girmiş olmayı kendine yakıştıramaz. Bu yüzden de evlenme işini birtakım mazeretler bularak sürekli erteler. (s.374)

Evlilik kurumunu ideallerine uygun bulmakla birlikte evlenmeye karar vermiştir. Evleneceği kişi bir milletvekili kızıdır. Böyle bir ailenin damadı olacağı için sevinir. Evlenince insanlar, "Şu Ömer Bey hiçbir şeyle yetinmez"(s.135) diyeceklerdir. Böyle düşündüğü için "Ne ayıp şey! Ne saçma şey!"(s.135) diyerek kendisiyle dalga geçer.

Nişanlısı Nazlı'yı güç gereksinimi tatmin için bir nevi araç olarak görmektedir. Buna neden, temel motivasyonunun 'eksiklik' duygusu olmasıdır. Maslow'a göre, güvenlik, ait olma, özdeşleşme, sevgi, saygı, prestij gibi gereksinimlerini zamanında tatmin edememiş bireyler 'eksiklik' duygusuyla güdülenirler. Başka bir deyişle onları yöneten belirleyiciler içsel değil, sosyal ya da çevresel faktörlerdir. Bu nedenle, bu durumdaki kişiler övgüye, şefkate, prestije, onurlandırılmaya normal olmayan ölçülerde gereksinim duyarlar (Yalom,2000:580-581). Halbuki gerçek sevgi güç gereksiniminden bağımsızdır ve insanın varoluş sorununun en önemli çözüm yollarından biridir (Fromm,1995:16). Böyle bir sevgi insanın, her şeye rağmen kendi olarak kalmasına, ayrılık, yalnızlık ve yalıtılmışlık duygularını yenmesine yardım eder; iki ayrı insan varlığının bir olması, yine de ayrı kalması buna bağlıdır. Olgunlaşmamış sevgi; "seni, sana gereksinim duyduğum için seviyorum" anlamına gelir. Olgun sevgi ise; "seni sevdiğim için sana gereksinimim var." der (Fromm,1995:45). Ömer, kişilik sorunları yüzünden bu gerçeğin farkında değildir. Bu yüzden de yaşadığı ya da yaşamaya çalıştığı sevgi, gerçek bir erdem olmadığı için, varoluş sorununun çözümüne hizmet etmez. Yaşanılan duygunun; yani sevginin gerçekten bir erdem olabilmesi için içsel bir güçten kaynaklanması gerekmektedir. Aksi durumda bu duygu sevgi olmaktan çıkar ve bir kötülüğe dönüşür (Fromm,1994:129).

Bir süre sonra nişanlanmak için İstanbul'a döner. Akrabalar Nazlıların evinde toplanmıştır. Herkes kendi aralarında sohbet ederken o şöyle düşünür: "Sonunda buraya koyun gibi oturdum." (s.171) İçinde bulunduğu bu yeni duruma inanamıyor gibidir.

'Varoluşsal iletişim' varoluşa giden ilk ve tek yoldur. İnsan bir aile ve toplum içinde dünyaya gelir. Bu çevrenin kültürel birikiminden etkilenir. Bu birikime zamanla kendinden bir şeyler katar. Yalın dasein, (sıradan insan), herkesin düşündüğünü düşünür, herkesin yaptığını yapar. İçsel düşünüşleri, dışsal süreçlerde, kurum ve kurallar içinde kayıp gider. Oysa gerçek varoluş bu nesnel kategorilerin dışında gelişir. Varoluş, insanın gerçekten kendisi olabilmesi, kendisiyle içsel bir bağ, içsel bir iletişim kurabilmesidir. Bu da ancak özgür ve koşulsuz kararlar alabilmekle mümkündür. Bunu içinse bilmek yetmez. Varoluş (existenz) eylemle mümkündür. İnsan kendi varoluşunu açığa çıkarabileceği gibi burada- oluşunun (dasein durumunun) karanlığı içinde de kalabilir (Akarsu,1987:205-206). Ömer, varoluşa giden bu yolda artık yeteri kadar ilerleyemez. Bir taraftan herkes gibi olmayı istemezken bir taraftan da insanların kendisi hakkında neler düşündüğünü merak eder. Bu can sıkıcı duruma katlanmak için düşünmemeli, o da herkes gibi davranmalı, yalandan da olsa neşeye katılmalıdır. "... hırslarını, tutkularını unutmak, çinili sobanın ısıttığı bu mutlu havaya karışıp bilincini ve gururunu silmek..."(s.175) ister.

Nazlı'yı öpünce "Sanki kendisinde kirli, utanç verici bir hastalık varmış ve bu öpüşle hastalık kıza bulaşmış gibi suçluluk..."(s.195) duyar. Son derece üzgün olduğu halde herkese gülümsemeye devam etmektedir. Nazlıyı öptüğü için suçludur. Çünkü onu öpmek demek, bir anlamda herkes gibi olmayı kabul etmek demektir.

İçkiye babası öldükten sonra başlar. Bazı günler, İstanbul'da okurken sabahlara kadar içer, okula sarhoş gelir. Aynı alışkanlığı İngiltere'de de sürdürür. İçki önemlidir, içmek lazımdır, "Çünkü içki insanı günlük hayatın ötesine geçirir, yüzeysel şeyleri aşmasına yardımcı olur! ...Sıradan bayağı hayatın korkunçluğu ancak böyle anlaşılabilir." (s.128) Birçok konuda olduğu gibi bu konuyu da gereğinden fazla abarttığı görülmektedir. 'Ben fatihim' tekrarlarının yerini şimdi de "ben zenginim"(s.378) tekrarları almaya başlamıştır.

Gerçekte sevmediği halde Nazlı'yla nişanlanmıştır. Beraberliklerine ilişkin aklından birçok şey geçirir ancak bunları onunla paylaşmaz. Nazlı bir gün: "... Beni almak istemiyor musun? (...) Beni almak istemiyorsan söyle!" deyince "Saçma!" diyerek bağırmaya başlar. Hiç gereği yokken: "Ben bir fatihim. Ben bir erkeğim, sıradan bir insan değil!"(s.380) der. Bir gün de Nazlı'nın evine içmiş olarak gelir. Cinsel arzuları olmayan bir melek olmadığının bilinmesini ister. Büyük oranda geleneksel davranışları önemseyen Nazlı bundan rahatsız olur. Ama o bu durumu anlayamaz. Her alanda olduğu gibi bu konuda da Batılılaşmamız gerektiğine inanmaktadır. O herkesten farklıdır, Batılı bir ruh taşımaktadır. Ancak, bu Batılı değerleri de zaman zaman yeteri kadar içselleştiremediğini düşünmektedir. Değerler sistemi, Doğu'yla Batı kültürü arasında ikiye bölünmüştür. Doğulu yanı, aile kurmayı yaşamın önemli vazgeçilmezlerinden görürken, Batılı yanı bunu önemsememektedir.

Kendi kendine ve başkalarına o kadar çok fatih olmak istediğini söyler ki, bu haliyle çoğu zaman komik bir görünüm içindedir. Her fırsatta: "Ben kendimi bir fatih olarak görüyorum!" (s138) der durur. Kendi sınırlarını bilen bir yetişkin gibi değil de adeta bir çocuk gibi davranmaktadır. Buna neden yeterli iç görüden yoksun olmasıdır. Özel olma mitini gerçekçi olmayan amaçları yoluyla tatmine çalışır. Bunu başaramaması halinde yoğun değersizlik duygularıyla karşı karşıya kalacak, üstün olma zorlantısından (nevrozundan) kaynaklanan kişilik sorunları da buna bağlı olarak artacaktır. Freud'a göre libido, erken dönemde bir noktada takıldığında ya da ego -ben- buna izin verdiğinde kişi o noktaya varan derecede sapıklaşır ya da aynı şey demek olan çocuklaşır. Bunun tersi durumda libidonun takılma gösterdiği yerde ben, bastırma eylemini ortaya koyar (Freud,1984:151-152). Psikanalitik açıdan ele aldığımızda Ömer de bu libido gelişim döneminde bir noktaya takılmış görünür. Yaşamını denetim altında tutan değersizlik duygularını, daha üst toplumsal bir statüye yükselerek aşmak ister.

Kuşkusuz hayatta başarılı olmak her insan için son derece önemlidir. Ancak bu isteğin bireyin yetenekleriyle, yapabilecekleriyle, insani değerlerle sınırlı olması gerekmektedir. Onunsa başarılı olma arzusu hiçbir sınır tanımamaktadır. Böyle bir amaç her şeyden önce gerçekçi bir benlik algısının yokluğuna işaret eder. Her şeyi istemek bir bakıma da Hitler mantığı içinde yaşama tutunmak demektir. Böyle bir isteğin altında yatan şeyse temelde değersizlik duygusudur. Başarı düzeyi ya da sahip olunan şeylerin miktarı ne kadar çok olursa olsun bu durumdaki bir kişi için mutluluk, genel anlamda ruhsal dinginlik hiçbir zaman mümkün olmayacaktır.

Çocukluk yıllarını herkesin abartılı ilgisi ve beğenisi içinde geçirmiştir. Ne yapmışsa haklı bulunmuş, akıllı, yakışıklı, zeki görülmüştür. Bu özellikleri yüzünden herkes onu bir şey beklemeden, karşılıksız sevmiştir. (s.449) Bu tür anımsamalar, doğru benlik algısına giden yolda ona yardımcı olamamaktadır. Aksine, tersi yönde bir işlev görmektedir.

Evlenme konusunda kararsızdır çünkü, evlenirse sürekli yükselmeye ilişkin hayalleri yok olacak, sonuçta o da beğenmediği bu toplumun sıradan bir üyesi olarak kalacaktır. Sırf bu yüzden "...birçok kişi kalıcı bir ilişkiye giremez çünkü bu, "buraya kadar" anlamını taşımaktadır" (Yalom,2000:278). Önemli durumlarda karar verme son derece zorlu bir süreç olduğu için her insan karardan kaçınma yöntemleri geliştirir. Korktuğumuz şey, özgürlüğümüz ve sağduyumuzdur. Seçeneklerin birbirine denk görünmesi durumunda temel özgürlük duygusunun yarattığı rahatsızlık artar. Karar süreci yalıtım duygusuyla yüzleşmemize neden olduğu için de acı vericidir. Bu nedenle denebilir ki, varoluş acısı kritik kararların özünde saklıdır (Yalom,2000:510-513,539).

Ömer'in bu çelişkisi, aynı zamanda "yaklaşma-kaçınma çatışması" (Cüceloğlu,1999:283) kavramlarıyla da açıklanabilir. Nazlı'yla evlenmesi durumunda sosyal statüsü ve ekonomik durumu birçok bakımdan değişecektir. Ancak, bireysel olarak da eskisi kadar özgür olamayacaktır.

Yine bir gün, fatih olmak istediğini söyleyince Nazlı şöyle der: "Bu söz! Allahım ne kadar çocukça ne kadar saf!.. Ben bunu anlamıyorum. Senin bu söze ne kadar bağlı olduğunu, bunu böyle ciddiyetle söylediğini gördükçe, şaşırıyor ve seni anlayamadığım için kendimi suçluyorum."(s.436) Ömer de onu anlayamaz. Ona göre Nazlı'da hırs diye bir şey yoktur. İçkinin de etkisiyle ağzından dökülen şu sözcükler adeta hayatını özetler gibidir: "Ben, ben olmak istiyorum. Hem yaşamak hem alay edebilmek hem de zeki ve en güçlü olmak ve bütün... ...Ben çirkinim... Ben Türk'e benzemiyorum! Ben sessiz duramıyorum. ...Ben hep kendimi düşünüyorum. Herkesi, her şeyi araç olarak görüyorum. Ben tuhafım. Bunu biliyorum... Ben hırslıyım, korkağım, şimdi sarhoşum, Avrupa'yı biliyorum... ...Bir asalak mıyım? Ama demir yolunda herkesten çok çalıştım. İğrenç bu... Evleneceğim... İstiyorum... Korkuyorum." (s.437) der. Normal insanların arasında ne yaptığını bilen, 'ben' diyebilen biri olduğu için de kendini bir 'hayvan'dan (s.438) farksız hissetmektedir.

Mühendis arkadaşlarından Enver bir gün, "Şu Kerim Bey var ya şu Kerim Bey, sen onun tırnağı bile olamazsın, anladın mı, tırnağı." der. Ömer şaşırır, "Nereden buldu bunu?"(s.351) diye düşünür. Enver onu, sonunda en ince yerinden yakalamıştır. Sözlerine şöyle devam eder: " ... O her şeyiyle zengin. Ruhuyla, cüzdanıyla, soyuyla, sopuyla, gönlüyle... O senin gibi değil. Para kazanmak için yırtınmıyor. O bari boş duracağıma biraz para kazanayım diyor."(s.351) Kerim Bey'e olan hayranlığını anlayan Enver, hedefi on ikiden vurmuştur. Peki bunu nasıl anlamıştır? Ömer: "Yüzümden anladı!"(s.351) diye düşünür.

Para kazanma amacına ulaşmıştır ancak Kerim Bey gibi bir 'fatih' olamamıştır. Arkadaşları tarafından hala takdir edilmemektedir. Çünkü fatih olmak yalnızca para kazanmak demek değildir. Her şeyden önce bu, nasıl edinildiği kolayca anlaşılamayan farklı bir gücü, karizmayı gerektirmektedir. Böyle bir güç ise onda hiç olmamıştır. Bir bakıma, yalıtım ve zeminsizlik duygusunun da etkisiyle kendini sürekli güçsüz, yenik ve çaresiz hissetmiştir. Ne kendisiyle ne de başkalarıyla varoluşsal anlamda bir iletişim kuramamıştır. İnsan hiçlik ve yalnızlık uçurumunun önünde korku içinde kalakalırsa başkalarına ulaşamaz; varoluş denizinde yavaş yavaş boğulmaya başlar. Bu durumda bu gerilimden kurtulmak için başka şeylere gereksinim vardır. Büyüklük, hayranlık ya da güce yönelme gibi... Yalom (2000:572)'un verdiği bu bilgiler ışığında ele aldığımız da Ömer'in yaşamı da buna benzer umutsuz çözüm arayışlarıyla doludur. Frank, (2000:102) da bu konuda benzer görüşler öne sürmektedir. Varoluşun yaşanamadığı durumlarda ortaya çıkan duygu 'varoluşsal boşluk' yani varoluşsal vakum'dur. Aynı yapıtında Franlk, (2000:102) "Bazen engellenen anlam istemi, en ilkel güç istemi olan para istemi de dahil olmak üzere, bir güç istemiyle temsili bir yolla dengelenir." demektedir.

Bir ara Doğuda yaşamaya karar verir. Duyguları hala abartılıdır. Bu kez de birdenbire, yaşamın ne kadar güzel olduğunu düşünür. Öyle ki, doğada: " Sanki birisi hayattan kimsenin almadığı bir tadı alması için çevresini onun için düzenliyor, canı sıkılmasın, huzuru kaçmasın diye yapılması gerekenleri yapıyor," ona da yalnızca "kendisine sunulan bu şeylerin tadını çıkarmak"(s.451) kalıyordur. Bu tutum az da olsa varoluşsal anlamda bir ilerlemedir. Ayrıca varoluş eşittir yaşamak, şeklinde kesin bir yargıya varmak yanlıştır. Her insan farklı zamanlarda farklı varoluşsal bir düzeyde bulunabilir (Dökmen,2000:46). Çünkü varoluş durağan bir olgu değil, dinamik bir olgudur.

4. Muhittin

(Refik'in arkadaşıdır.)

Muhittin, hayat anlamı konusunda çok daha tutarsız biridir. Umutsuzca bir yere, bir amaca, bir ideolojiye bağlanmak ister. Amaçları, aklın ve sağlıklı duyguların süzgecinden geçirilmiş bilinçli seçimler, belirlemeler değildir.

Ömer gibi paraya ve ona dayalı bireysel güce fazla önem vermemektedir. Edebiyatla, özellikle şiirle uğraşır. Yazdığı şiirler genellikle Batılı şairlerin, daha doğrusu Fransız şiirinin etkisi altındadır. Üniversitede okurken kendini Dostoyevski'ye benzetir. Çünkü o da Dostoyevski gibi edebiyatla uğraşan bir mühendistir. Önüne, ilerde iyi bir şair olmak gibi bir hedef koyar. Bunun için de kendine otuz yaşına kadar bir süre tanır. Otuz yaşına geldiğinde hala iyi bir şair olamamışsa intihar edecektir.

İntiharı bir çıkış yolu olarak görmesinin bir nedeni de varoluşun vakum gücüdür. Ancak bu otuz yaş sınırlaması esas olarak gücünü Muhittin'in zayıf kişilik özelliklerinden almaktadır. Çünkü varoluşun yüzü ölüme değil, ama ölümden güç alarak yaşamaya dönüktür. Bu süreç, kendimizle ve çevremizle ilgili mücadele gerektiren üstü örtülü sorunları da su üstüne çıkardığı için son derece sıkıntı verici, zor bir süreçtir. Kişiliğin ve benlik algısının zayıf olduğu durumlarda varoluşun rüzgârı kaçınılmaz bir şekilde insanı yanlış anlam ve amaçlar peşinde sürükleyebilir. Tıpkı Muhittin ve Ömer'in yaşamında olduğu gibi...

Bir işte başarı elde etme, bir yere ait olma, kendini kanıtlama gereksinimini herkes için yaşamsal bir önem taşır. Hayatın faniliğinden ve geçiciliğinden kaynaklanan 'hiçlik' duygusunun içimizde yarattığı gerilimden kurtulabilmek için insan üretmek zorundadır. Bu yüzden her insan hayatta üretici bir konumda yaşamak ister. Ernest Becker'in de iddia ettiği gibi 'evrensel tutkumuz başarıdır ve ölüm mücadele etmemiz gereken en önemli düşmandır (Yalom,2000:731). Başarı olanaklarının tamamen ortadan kalktığı durumlarda intihar fikri, az da olsa ölüm korkusunu azaltır. İnsana kontrol edemediği şeyi, kontrol etme fırsatı verir (Yalom,2000:203). Aynı durum Muhittin'in yaşamı için de söz konusudur.

Başkalarıyla ve toplumla iyi bir iletişimi yoktur. Dış görünüş olarak birtakım kusurlarının olduğu anlaşılmaktadır. Bunlar, üstün olma arzusunun altında yatan nedenler arasında görülebilir. Bütün bu eksikliklerini entelektüel bir başarıyla ödünlemek istemektedir. Bir gün kendi kendine düşünürken: "Ben yakışıklı olsaydım, ya da karım güzel olsaydı şiir yazamazdım, Refik gibi pazar günleri yürüyüşe çıkar, salonlarda tombala oynardım."(s.158) der.

O da, içinde yaşadığı toplumu Ömer gibi Avrupa kültür merkezli bir bakış açısıyla algılamaya ve yorumlamaya çalışır. Kendi kültürünün toplumsal değerler sisteminden büyük oranda kopmuştur.

Çok sevilen, gösterişli insanlardan hoşlanmaz. Daha çok kenarda köşede kalmış olanları, nefret edenleri sevmektedir. Topluma ve doğal gerçekliklere karşı muhalif olarak yaşar. Ölüme kafa tuttuğu için mutludur. Çünkü, istediği zaman kendi ölümünü kendisi gerçekleştirecektir.

Benzer görüşler Baudelaire'nin de yaşamına damgasını vurmuştur. Muhittin'in yaşam algılayışı da -Nusret gibi- Baudelair anlayışının izlerini taşır. Baudelaire J. Janin'e yazmış olduğu bir mektupta şöyle demektedir: "Bu denli kolay mutlu olmanızdan dolayı acıyorum size, Mösyö. Bir insanın kendini mutlu sanacak kadar alçalması mı gerek!.. (...) Acıyorum size ve kendi keyifsizliğimi sizin üstün mutluluğunuzdan daha değerli buluyorum" (Satre,1994:70). Onun için acı, bir sarsıntının ardından gelen şiddetli bir tepki değil, tersine hiçbir şeyin azaltıp yükseltemeyeceği sürekli bir durumdur. Bu ise bir tür ruhsal gerilimin karşılığıdır. İnsan bu gerilimi ne kadar yoğun yaşıyorsa o oranda insan olmaktadır. Oysa mutlu adam ruhundaki bu gerilimi yitirmiştir, yani "düşmüş"tür. İnsanı, bu düşmüşlük durumundan kurtaran şeyse acıdır. Acı, aynı zamanda da soyluluktur. İyi bir insanın kafasında mutsuzluk bulunmalıdır. Baudelair, hayatta her zaman acı çekenleri sevmiş, onları kendine yakın bulmuştur (Satre,1994:70-71).

Annesinin aksine Muhittin, mutluluğu evlenip yuva kurmakta değil, iyi bir şair olmakta görür. Ancak, hiçbir zaman şiir konusunda yeteri kadar üretken olamaz. Sanatta üretici olmayı bu kadar önemsemiş olmasının ve üretememesinin altında yatan neden nedir? Varoluş psikolojisine göre birey, farkına varılan ölüm gerçeğinin üstesinden gelebilmek için hayatta başarılı olmaya, anlamlı bir iş yapmaya yönelir. Ü. Dökmen (2000:384-385)'se insanın hayattaki amacının "yarına kalma çabası" olduğundan söz eder. Freud'un determinist psikoloji kuramı ise insanın başarıya ulaşma isteğini yüceltme mekanizmasıyla açıklar. Yüceltme, cinsel enerjinin bir bölümünün ilk ereğinden saparak toplumsal değerler sıralamasındaki "daha yüksek" bir ereğe yönelme çabasıdır. Reich, (1989:191-192) bu mekanizmayla ilgili olarak dile getirilen; cinsel tatminsizliğin yüceltmeye yol açtığı yönündeki düşünceyi yanlış bulur. Cinsel durgunluğun ya da tatminsizliğinin değil, bunun tam tersinin bireyi yaratıcı kıldığını, ancak bu yolla bireyin yüceltme mekanizmasını başarıyla kullanabildiğini öne sürer.

Yaşamını intiharla sınırlandırmış olması yaratma çabasının bir sonucu olarak da görülebilir. Çünkü Rollo May'e göre "Yaratıcı edim ile ölümümüzün ötesine ulaşabiliriz. (...) Yaratıcılık ölümsüzlük için duyulan bir özlemdir. Yaratıcılık (...) kişinin ölümünden öte yaşama tutkusudur." (Yetişken, 1991:32)

"Ne yapmalı, nasıl yaşamalı?" sorusu onun da yaşamının temel sorusudur? Başarı elde ederek üstünlük kurma odaklı bir hayat anlamı anlayışı vardır. Babası "mülazım Haydar Bey" gibi hayatını boşuna geçirmek istemez. Hiçbir zaman onun gibi acınası biri olmayacaktır. (s.186-187)

Kendi hakkındaki yakın çevre algısının şöyle olduğuna inanır: Mühendistir, şıktır, gençtir, zekidir. İnsanlar babasını tanıdığı, çocukluğunu bildiği için ona saygı duyarlar. Çevreye ilişkin benlik algısı bu yönüyle olumludur. Kendi gözünde ise: Kısa boylu ve gözlüklüdür; yakışıklı sayılmaz, hırçın bir yüzü vardır. Bekardır, iyi bir şair olmak istemektedir. Ancak, irade eksikliği yüzünden yeteri kadar çalışamamaktadır. Derinlerde saklı olan gerçek Muhittin kimdir? Doğal olarak o da bunu tam olarak bilemez. Bilmek için de fazla uğraşmaz ya da uğraşamaz. Rollo May'e göre, insanların kendi duygularıyla tanışmalarını, etkin bir şekilde var olmalarını engelleyen şey, benlik bilinçlerinin yeterince işlevsel olmamasıdır (Dökmen,2000:52). Potansiyel benlik algısındaki yetersizlik nedeniyle Muhittin, sanatsal üretim için gerekli olan yaratıcılığını, yeteri kadar kullanamaz ve geliştiremez. Çünkü yaratıcılık, May'in de belirttiği gibi, ancak, bireyin bağımsızlaşması, kendi iç dünyasını tanıması, benlik bilincini güçlendirmesiyle mümkündür. Benlik bilincinin yetersizliği yaratıcılığı engellediği gibi, ruhsal olarak da bireyi gerileten bir şekilde (Dökmen,2000:52).

İlk şiir kitabının yayımlanması üzerinden birkaç ay geçmiştir. Ancak şiirleri, edebiyat çevrelerinde beklediği yankıyı uyandırmaz. Başkalarının gözünde değer kaybına uğramamak için: "Benim kitabımın hazmı güçtür."

Genellikle yalnız bir insandır. Bazı akşamlar çalıştığı inşaat bürosundan çıktıktan sonra Beyoğlu'na iner, ayak üstü bir şeyler içtikten sonra bir randevu evine uğrar, oradan da sinemaya gider. Güzel genç kızları bir erkekle görünce acı duyar. O güne kadar duygu paylaşımı içinde olduğu bir kız arkadaşı olmamıştır. E. Atabek bir araştırma sonucuna dayalı olarak gençlerin yaşları büyüdükçe, eğitim düzeyleri yükseldikçe karşı cinsle arkadaşlık kurmada sorunlarının azaldığını bildirmektedir (Atabek,1995:233). Ancak Muhittin'in sorunları azalacağına artmıştır. Cins ayrımcı aşırı toplumsal kuralların da böyle bir sonucu doğurmuş olabileceği kuşkusuz gözden uzak tutulmamalıdır. Ancak yine de içinde bulunduğu bu durum, şair olmaya hevesli, eğitimli biri için çok da normal sayılmasa gerektir. Şiirle, edebiyatla uğraşmasının bir nedeni de bu yalnızlık duygusudur denilebilir. İyi bir şair olacağı inancını yitirdikçe kendini kötü hisseder. Şairlik yeteneğine olan inancını tazelemek için Refik'i anımsar. Çünkü Refik ona bir gün "Senin gibi şair olmak isterdim,"(s.273) demiştir. Başarısızlıklarla dolu şairlik deneyimini içerek unutmaya çalışır. Sefildir, zavallıdır, korkaktır; artık yıkılmak üzeredir. Bir akşam randevuevinde beklerken, "Kendini otuz yaşında öldüreceğini, ikiyüzlü olduğunu, kötü bir şair, iyi bir sahtekâr olduğunu, biraz sonra gelecek olan kadından hastalık kapmaktan korktuğunu,"(s.275) düşünür. Sanatını yaparken duygularında, düşüncelerinde yeteri kadar samimi olamamıştır. Savruk ve yalnız yaşamına bir anlam katmak için kendini yeniden Baudelaire'a benzetir. Baudelaire'i Baudelaire yapan iki şey vardır: Yalnızlık ve frengi. Henüz frengiye yakalanmamış olsa da Baudelaire'e gibi onun da tek dostu orospulardır. Baudelaire kimliği ile bu şekilde özdeşleşerek rahatlamak ister.

Hayalindeki prensese benzemedikleri için bütün kadınları küçümsemektedir. İş ortağına göre tam bir kadın düşmanıdır. Böyle düşündüğü için bir gün ortağına çok ters yanıt verir. "Tek dostum onlar!" dediği hayat kadınlarına hayrandır ya da öyle görünmeyi istemektedir. Bütün kadınlardan çok onlara saygı duyduğunu belirtir. Bu kadınların, içinde bulunduğu duruma yoksulluktan ya da çaresizlikten değil, başkalarının yaptığı şeyleri yapmak istemedikleri, toplumun kurallarına değer vermedikleri için kendi bilinçli seçimleri sonucunda geldiklerine inanmaktadır. (s.276) Oysa bilinmektedir ki fuhuş ekonomik, sosyal, kültürel birçok çaresizliğin sonucudur. Bu nedenle fahişelik, kadın için ne yüceltici ne de onur verici bir yaşantıdır. "Bu durum kadınlardan daha çok asıl erkekler için ahlak bozucudur. Fuhuş kadınlar içinde, yalnızca kendini buna kaptıran umutsuzları alçaltır ve bunların sayısı, genellikle sanıldığından çok daha küçüktür. Buna karşılık o (fuhuş), bütün erkekler dünyasının niteliğini değerden düşürmekte, alçaltmaktadır" (Engels, 1992:89). Doğru bakış açısı da kuşkusuz budur. Muhittin'i bu görüşe sürükleyen şey esas olarak toplumsal yalnızlığıdır. Aykırı düşüncelerinden kaynaklanan bu umutsuz yalnızlığını, yanına başka toplumsal muhalifler bularak aşmak ister.

Yaşamını, bir intiharla noktalayacağı için kendini çok özel bulur. Ömer gibi olanca düşünsel çabasıyla kendini buna, yani herkesten farklı olduğuna inandırmak ister. Özel olma miti yeniden devreye girmiştir. Çünkü her insan, 'biricik' öz varlığını başkalarından ayırarak kendi öz değer duygusunu tatmin etmek ister. Sürekli güç arayışının altında yatan duygu da budur. "İnsan güce ulaştığı derecede ölüm korkusu hafifler ve özel oluşuna dair inancı güçlenir. İlerlemek, başarılı olmak, maddi zenginliğe kavuşmak, geride ölmez eserler bırakmak altta kaynayan ölümle ilgili soruları etkin bir şekilde gizleyen bir hayat tarzı haline gelir" (Yalom,2000:201).

Beyoğlu'nun sefil bir meyhanesinde bir gün kırk beş elli yaşlarında, Mahir Altaylı adında bir adamla karşılaşır. Bu karşılaşmayla birlikte kendini yeni bir anlam arayışı süreci içinde bulur. İnandığı ve savunduğu değerler sistemi birdenbire doksan derece yön değiştirir. Yirmi sekiz yaşındadır ve hala ne yapacağını, nasıl yaşayacağını, neye inanacağını bilememektedir. Rank'ın da ifade ettiği gibi insan yaşamının birçok döneminde ileri gitmeye, bireyselleşmeye, potansiyelini gerçekleştirmeye çalışır. Bunun başarılamaması, ya da yaklaşan özgürlükten korkularak kaçılması sonucu "...insan "geriye gider," bireyselleşmeden vazgeçer, birleşmede, kendini çözmede, kendini bir başkasına bırakmada rahatlık bulur." (Yalom,2000:232). O'nun için de bu rahatlığı sağlayan kişi Altaylı olmuştur.

Yeni bir anlam etrafında duygularını tekrar dengeleyebilmek için bütün geçmişini unutmak ister. İntihar kararından artık vazgeçmiştir. Bunun içinse yeni bir kimlik yeni bir Muhittin gerekmiştir. Bu da, daha önceki yaşamının bütün yapı taşlarını yerinden oynatmış, inandığı bütün değerleri bir çırpıda silip atmasına neden olmuştur.

Mahir Altaylı, hakkında şunları düşünmektedir: "Şiirlerinizi okudum, orada kitapçıda gördüğüm yüzünüzü hatırlayınca mutsuz biri olduğunuzu anladım. Yetenekli ve mutsuz bir şair... İyi şiir yazmak için ilk bakışta her şey var gibi galiba sizde, ama bir şey eksik! O da bir ülkü! Hayatınızda bir ülkü yok."(s.297) Altaylı, ona değer vermekte ya da öyle görünmekte, babasından övgüyle söz etmekte, sürekli onu yüceltmektedir. "İşte, burada oturuyor, mutsuz bir hayat sürüyor, içkiyle kendinizi zehirliyorsunuz!" der ve devam eder, "Neye bağlısınız hayatta? Dine mi? Hayır! Ailenize mi? Hayır! Mühendisliğe mi? Hayır! ...Bir kıza mı? Hayır! Zevke eğlenceye mi? Hayır! Bazı yaşıtlarınız gibi inkılaplara mı? O da hayır! Peki şiire mi? Evet buna hayır diyemiyorsunuz, ama ötekiler olmadan şiirin ne önemi kalır ki? Ötekileri belki küçümsemekte haklısınız... Ama bir şey var. Bir şey. Bir Türk'sünüz siz! ...Şiir diye beğendiğiniz şeyler de, kitabınızdan anladım, orada Avrupalılar tarafından yazılan çirkin şeyler... Baudelaire değil mi? Çürümüş, esrarkeş bir Fransız! Oysa siz bir Türk'sünüz. Fransızlar Hatay'da ırkdaşlarımıza neler yapıyorlar biliyor musunuz?"(s.299) Muhittin susar; ne diyeceğini bilemez, alay edilmekten korkar. Utangaç, suçlu bir tavır takınır. Sağlıklı benlik algısı ve buna bağlı bir düşünce yapısından yoksun olduğu için düşüncelerini savunamamakta, kendini küçülmüş hissetmektedir. Çok okumuş, kuramsal anlamda kendini geliştirmiştir ancak savunduğu değerleri içselleştirememiştir. Hayattaki anlam ve amacını yeniden gözden geçirince Mahir Altaylı karşısında adeta mahcup olur. "Evet siz galiba haklısınız."(s.299) der sonunda. Kısa bir zaman sonra da Mahir Altaylı tarzı dünya anlayışının etkisi altına girer. Çünkü, Muhittin gibi, "Spontanlıkları bastırılmış, varoluş hazzı duymaları engellenmiş insanlar, bireyselleşme ve yaratıcı olma şanslarını büyük ölçüde kaybeder. Böyle olunca da birilerine bağımlı olma, onların güdümüne girme ihtimalleri artar" (Dökmen,2000:23).

Sık sık depresif tutumlar içinde olduğu görülür. Depresif kişiler esas olarak erken çocukluk dönemlerinde sevgi gereksinimi doyurulmamış kişilerdir. Yetiştirmeden kaynaklanan bir hatadan dolayı bu insanlar, sevgi gereksinimini abartılı bir biçimde yaşar. Beğenilme, sevilme, göze girme, taktir görme gibi duygular bağımlılık derecesinde yaşamlarına yön verir. Bu yüzden yeterli özsaygı gereksinimlerini karşılayamazlar. Güven duygusundan yoksun oldukları için başkalarının görüşlerinden aşırı derecede etkilenirler. Reddedilmek, beğenilmemek -ki bu bilinçdışı süreçte aşırı gereksinim duyulan sevgiyi, ilgiyi kaybetmek anlamındadır- gibi tutumlar bu tip insanları olması gerekenden çok daha fazla yaralar. Öyle ki bu durum onları intihara kadar sürükleyebilir. Ayrıca bu tür kişilerin özdeşleşme kapasiteleri son derece yüksektir. Bazen buyurgan, bazen aşırı iddialı ya da boyun eğen, göze girmeye uğraşan bir kişilik sergilerler. Kurdukları ya da kurmaya çalıştıkları ilişkiler, duygusal yetersizliklerinin tatmini ön koşuluna bağlı olduğundan insanlarla olan ilişkilerinde bir türlü doğruyu bulamazlar. İletişimde bulundukları çevre onlar için, ancak ünlenerek ya da çok üst düzeyde bir şeyler başararak kendilerini kabul ettirebilecekleri bir yer anlamına gelir. Varoluşları, bu derece zor olan bir ön koşula bağlı olduğundan bu insanlar sonuçta, çevreye karşı yoğun bir düşmanlık geliştirir. Kimi depresiflerde bu düşmanlıktan kurtulmanın yolu, sanatsal bir üretim sonucu elde edilecek başarıdır. Bu başarı o kişiler için aynı zamanda, -aslında hiçbir zaman tatmin bulmayacak olan- yoğun ilgi ve sevgi gereksiniminin doyurulması anlamına gelir (Storr,1992:98-117).

İçinde bulunduğu anlamsızlığı kendi de dile getirince Altaylı hemen ona tutunması için yeni bir dal uzatır: "İşte Türkçülük! "der. Ancak bu görüşün benimsenebilmesi her şeyden önce dinsel bir mantığa sahip olmayı gerektirmektedir. Akıldan önce insan inanmalıdır. Altaylı bu deneyimi yaşadığından, ona önce Türkçülüğe inanmasını, daha sonra düşünmesini önerir. O da bundan sonra böyle davranmaya çalışacaktır.

Anlam arayışı neden önemlidir ve Muhittin kendini buna neden bu kadar kaptırmıştır? Çünkü kişi, Frankl (2000:105)'ın ifadesiyle, "... hizmet edeceği bir davaya ya da seveceği bir insana kendini adayarak ne kadar çok kendini unutursa, o kadar çok insan olur ve kendini de o kadar çok gerçekleştirir." Bu bağlamda insanı bir anlam içinde yaşamaya götüren üç yol vardır: 1. Bir eser yaratmak ya da bir iş yapmak. 2. Bir şey yapmak ya da bir insanla etkileşmek. 3. Kaçınılmaz acıya yönelik bir tavır geliştirmek (Frankl,2000:105). Muhittin bu üç yoldan birinciyi seçmiştir ancak başarılı olamamıştır.

İlerlemiş yaşına karşın hala özdeşleşme gereksinimi içinde olduğu açıktır. Kişiliğinin temel taşları kaygan bir zeminde oynar durur. Bu kez de Mahir Altaylı gibi kendinden emin birisi olmak ister. Oysa Altaylı, kişilik olarak daha önceden benzemeye çalıştığı kişilerle taban tabana zıttır. Dostoyevski ve Baudelaire gibi kişiliklerle Altaylı arasında her bakımdan birçok fark vardır. Bu da ne büyük bir kişilik bunalımı içinde olduğunu açıkça gözler önüne sermektedir. Tıpkı bir delikanlının doktor, bir çocuğun itfaiyeci olmaya karar vermesi gibi, o da bir Türkçü olmaya karar vermiştir. (s.316) Elinden geldiği kadar "günaha içinde yüzdüğü" yılları unutmak ister. Benlik duygusunu kaybetmiştir. Bunun en önemli nedenlerinden biri Horney (1990:56-73)'e göre kötü çocukluk deneyimleridir. Eğer bir çocuk kötü koşullar içinde büyüyorsa potansiyel benlik algısını kaybeder, onun yerine idealleştirilmiş bir benlik algısı geliştirir. Sonuç olarak insan kendi gerçeğine yabancılaşır. İdeal benlik ile gerçek benlik bilinçdışı düzeyde sürekli çatışma yaşar. Bu da hayat boyu mücadele edilmesi gereken, kendini küçümseme duygusunu beraberinde getirir.

Günlerini artık Altaylı'nın çıkarmakta olduğu ülkücü bir dergi çevresinde geçirmektedir. Başka milletlere, özellikle Yahudilere, Kürtlere, Arnavutlara, Çerkezlere, komünistlere, masonlara herkese düşman olur. Bu yeni hayat ve dava anlayışından geri dönüşünün olmadığını düşünmektedir. Öyle ki, zamanla Türkçülükle ilgilenmeyen herkesi küçümsemeye başlar.

Zamanla mücadele içindeki konumu dolayısıyla Altaylı'yı kıskanmaya başlar. Bir taraftan nefret etmekte, bir taraftan da Altaylı gibi olmaya çalışmaktadır. Onun varlığını kendi gelişmesi önünde büyük bir engel olarak görür. Eski Türkçülerden Giyasettin Kagan çevresinin, Mahir Altaylı çevresini dağıtabileceği olasılığını düşündükçe gizli gizli sevinir. Bu durumda Mahir Altaylı'nın dergisi hiç satmayacak, saygı değer Türkçüler de onu aforoz edecektir. (s.416) Buna benzer şeyler düşündükçe neşelenir. Ne kadar nefret etse de yine de Altaylı'ya açıkça karşı gelemez. Bilinçaltı bir bağımlılık içindeymiş gibi davranır. Altaylı, zayıf ve zorlantılı kişiliğine hükmeden olumsuz bir baba modeli konumuna yükselmiştir. Bu yüzden onun verdiği her görevi istemeye istemeye de olsa kabul eder.

Ait olma duygusunun tatminine yaradığı için, bir grup içerisinde yer almak, her insanın temel psikolojik gereksinimleri arasında yer almaktadır. "Grupla özdeşleşmek bireye yalıtılmış varoluş korkusuna karşı sığınacak bir liman sağlar" (Yalom, 2000:601). Ancak, dahil olduğu gruptan farklıdır, kültürlüdür, "onlara" benzememektedir. İdeal sahibi biri olarak özel oluşuna duyduğu güçlü inanç, -ya da böyle görünme çabası- zamanla kişiler arası iletişimine zarar verir. Bireyin kişisel dokunulmazlığına dair inancına başkalarının haklarının ve özel oluşlarının kabul edilmeyişi eşlik ederse, bu durumda birey narsist kişilik özellikleri gösteriyor demektir (Yalom,2000:207).

Arada sıra da Refik'le görüşmeye devam etse de artık eski arkadaşlarıyla anlaşamamaktadır. Refik bir gün: "Rönesans kültürü... Aklın ışığı... Aklın bizdeki barbarlığı ve despotluğu yenecek ışığına ihtiyacımız var..." deyince, "Peki beni de barbar buluyor musun? Ben de Türküm, milliyetçiyim, bir milliyetçi olduğumu söylüyorum, ne diyorsun?" (...) "Sen Frenkleşiyorsun! Zaten bizde arayan Frenkleşir. Arayacağına hisset,"(s.462) der.

Bir süre sonra Mahir Altaylı ve çevresinin çıkarmakta olduğu Ötüken dergisi yayımlanan bir harita yüzünden kapatılır. Muhittin bundan ders alınması gerektiğini söyler. Tedbirsiz tutumları nedeniyle Altaylı'nın bu işi başaramayacağı anlaşılmıştır. Yeni dergi çıkarma imtiyazını bundan sonra o ele alacaktır. Ülkücü çevre içinde kişiliğini kanıtlamak için bunu iyi bir fırsat olarak görür. Ancak "imtiyaz" dediği şey, kendi özgür iradesiyle alınmış bir karar değil, Altaylı ve çevresi tarafından ona verilmesi uygun görülmüş bir görevlendirmedir.

Sık sık kültürlü olduğundan, kültürlü olmanın şeytansılığından söz eder. Söz konusu kültürel anlayış esas olarak kaynağını Baudelaire'dan almaktadır. Romanın birçok erkek karakteri gibi Muhittin de benimsemeye çalıştığı Baudelaire kültüründen dolayı, kendini başkalarından ve toplumdan üstün görür. Baudelaire Şeytan'da acılı güzelliğin en yetkin örneğini gören bir şairdir. Ona göre şeytan; "Yenik, gözden düşmüş, suçlu, bütün doğa tarafından itilmiş, evrenin dışına atılmış, günahı ödenmez suçun anısıyla ezilmiş, doymak bilmez bir hırs tarafından kemirilen, onu şeytansı özü içinde donduran tanrının bakışıyla delinip geçilen, kalbinin ta derinliklerine dek iyinin üstünlüğünü kabullenmek zorunda olan Şeytan, çektiği acı ile, bu ezilişe razı olduğu anda bile bağışlanmaz bir kınama gibi patlayan o hüzünlü hoşnutsuzluk alevi ile, efendisi olan ve kendisini yenmiş bulunan tanrıya bile üstün gelmektedir. Bu "yitiren kazanıyor" oyununda, yenilmiş olan'dır yengiye ulaşan. Gururlu ve yenik, dünya karşısındaki biricikliğinin duygusu ile dopdolu olan Baudelaire, yüreğinin derinlerinde Şeytan'la bir tutar kendini" (Satre,1994:74). Yerleşik Avrupa kültür değerlerini de zorlayan bu görüş yüzünden Muhittin de -Nusret ve Ömer gibi- kendini toplumdan ayırmıştır. Buna karşın, toplum dışı kalma acısına Baudelaire gibi katlanamamaktadır. Bu da onu kültür seçimi konusunda zorlamakta, zayıf kişiliği nedeniyle de bir çıkmaza sürüklemektedir. Kültür açmazı içinde bu kez de Turancı şiirler yazmaya başlar. Yeni şiirlerini okuyan Ömer, "Turancı şiirlerin korkunç olduğu kadar gülünç be kardeşim," der. Bu küçümseme karşısında o da kendini, "Ne olursa olsun bir şeye inanmak insanı neden aptal göstersin," (s.493) diye savunur.

Muhittin de, Russell'in öykü kahramanı 'Porphyre Eglantine' (Russell,1994:7) gibi varoluşunu kanıtlamanın umutsuz arayışı içindedir. Ancak onun gibi bilinçli düzeyde neyi aradığının ayrımında değildir. Hiçbir alanda kendini varedemeyen insan ahlaki olarak da kendini onaylayamaz (Yalom,2000:439). Bunun sonucu olarak da yoğun değersizlik duyguları yaşar. İnsan özde neyse o olmak zorundadır. Varoluşun bilinçli ya da bilinçsiz düzeyde gerçekleştirilemiyor oluşu hayatın hiç kullanılmadan tüketildiği anlamına gelir ki, bu da yoğun mutsuzluk hissine ve sıkıntıya neden olur. Varoluşun tamamen unutulduğu durumda ise kaynağı belirsizmiş gibi görünen bir iç sıkıntısı yaşanır (Yalom,2000:439-440).

Bir gün Gıyasettin Kağan'ın evine ziyarete gider. Ona, Mahir Altaylı ve çevresiyle olan bütün bağını kopardığını söyler. Kağan bu sözler karşısında temkinlidir. Altaylı çevresinden koparak kendisine gelen birine yeteri kadar güvenilemeyeceğini düşünmektedir. Yanlış anlaşılmayı önlemek için Muhittin bir ara, "inançsız" günlerine ait kötü bir şiir kitabı olduğunu belirtir. (s.513) En az Altaylı kadar ondan da hoşlanmaz. Ancak amacını gerçekleştirebilmek için iş birliğine zorunludur. İlgi ve güç gereksinimini tatmin için mümkünse onu basamak olarak kullanacaktır.

Söyleşi sırasında aralarında başlayan gizli gerginlik giderek artar. Bir ara söz Freud'dan açılır. Giyasettin Kağan, "Siz onun felsefesini nasıl buluyorsunuz?" diye sorar. O da "Bazı bakımlardan doğru buluyorum..." (s.514) der. Giyasettin Kağan aradığı delili bulmuş gibi atılır: "İşte, işte! ...Sizin bir Türkçü olabileceğinizi sanmıyordum! Zaten biliyordum! ...Bir şeye inanacağınızı sanmıyorum. Kendinizi çok beğeniyorsunuz, küstahsınız. Zekanızı kanıtlamaya çalışıyorsunuz. ...Orada Mahir senin gurunu kırdı, bana geldin, öyle değil mi? Yarın da bir başkasına gidersin. Hadi, hadi çık git şuradan... Ben Mahir'i de biliyorum. Onunla görüşürüz de... Kızına nasıl bakıyormuşsun onun? ...Mahir, seni nasıl tavladığını da anlattı bana. Babanın büyük adam olduğunu söyleyince coşmuşsun. Yaa! Çocuksun sen!" (s.515)

Dışarı çıkınca Muhittin kendini çok kötü hisseder. Ciddi şekilde öz yıkım sürecine girmiştir. Kendi kendine "Ne oldun sen Muhittin?"(s.516) diye sorar. Ait olmaya çalıştığı çevreden artık tamamen dışlanmıştır. Kendini artık kimsenin güven duymayacağı biri olarak görmeye başlar. Yaşamının kontrolünü bir daha eline alamayacağı duygusu içinde bocalar kalır. Bundan sonra hayatını nasıl yaşayacaktır? "Hayatta ne yapılmalı?" sorusuna nasıl bir yanıt verecektir? Bir ara tekrar şiir yazmayı düşünür. Tek çözüm yolu olarak intihar gelir aklına. Altı ay sonra otuz yaşına girecektir. Söz verdiği gibi intihar kararını gerçekleştirmek ister ancak yapamaz.

5. Refik

(Cevdet Bey'in küçük oğludur.)

Refik de 'Mühendis mektebini' bitirmiştir. İkinci bölümün başlangıcında, 'hayatta ne yapılması' gerektiğini biliyormuş gibi görünen ya da bu konuyla fazla ilgili olmayan bir Refik çıkar karşımıza. Ataerkil bir yapı içinde bütün aile aynı evde yaşar. Ağabeyi Osman'ın iki çocuğu vardır. O, henüz baba olmamıştır, karısı hamiledir.

Öğrencilik yıllarında olduğu kadar artık kitap okuyamadığından yakınmaktadır. Karısı Perihan'la mutlu bir beraberliği vardır. Ya da öyle olduğunu sanmaktadır. Zaman zaman evlenmiş olduğuna pişmanmış gibi davranır. Gündelik hayatın küçük mutluluklarını yeğliyor görünmekten dolayı gizli bir utanç duyar. (s.132) Hayatından hoşnut olmamakla birlikte başlangıçta bunu açık yüreklilikle ifade etmeye çekinir. İşinde gücünde mutlu bir eş rolü oynamaya çalışmaktadır. Babasının istediği de herkes gibi olmasıdır. (s.132)

Bir akşam evde otururken kendini şöyle tanımlar: "Babasının kurduğu işte çalışan, yazıhanede oturmaktan pek hoşlanmayan, oradan herkesten önce çıkıp evine kaçan bir vatandaş (s.148) der. Herkes gibi olmak, her şeyi unutmak için evlenmiştir ancak varoluşsal bir sorumluluk içinde yaşaması gerektiği gerçeğinden de hiçbir zaman kaçamamıştır. Çünkü varoluş, bir kez hissedildikten sonra bir daha asla ertelenemez (Yalom, 2000:263).

Nietzsche (1983:91), kendi varoluşunu yaşaması gerektiği gerçeğinin nasıl farkına vardığını şu sözlerle açıklar: "Kendime karşı bir sabırsızlık çöktü üstüme. Toparlanıp ayılmam için vakit gelmiş de geçiyordu bile. Bir an içinde, o güne dek vaktimi nasıl boşuna harcadığımın, ödevimle ölçülünce filolog hayatımın nasıl işe yaramaz, nasıl gelişigüzel olduğu korkunç bir açıklıkla kafama dank etti." Aynı durum Refik için de geçerlidir. Bir süre sonra yaşadığı hayatın anlamsızlığı onun da kafasına dank edecektir.

Babasının ölümüyle birlikte yaşamında önemli değişiklikler meydana gelir. Dengeli görünmeye çalışan Refik çözülme sürecine girer. Bu ölümden on gün sonra da bir kız çocuğu sahibi olur. Değiştiğini, değişmekte olduğunu artık herkes fark etmektedir. Eskiden az da olsa var olan huzuru tamamen kaçmıştır. Zamanın geri çevrilemezliğini, hayatın faniliğini, kozmik dünyanın kayıtsızlığını şaşarak ve acı çekerek duyumsar. Dünyada artık kendini "evinde" gibi hissedememektedir. Varoluş anksiyetesi bütün yaşamına el koyar. "...anksiyete varoluşun bir parçasıdır ve gelişmeye ve yaratmaya devam eden hiç kimse ondan tamamen kurtulamaz" (Yalom,2000,272). Bu durumu, "Esrarengiz" ("evde olmama") terimiyle açıklayan Heidegger, insanın bu hale dünyayı tanıma duygusunu kaybettiği andan itibaren geldiğini belirtmektedir. "İnsan (dasein) bildik görüntü dünyasıyla tamamen iç içe olup varoluşsal durumuyla bağlantıyı kaybettiğinde Heidegger insanı "sıradan," "düşmüş" tarza girmiş olarak düşünür. Anksiyete insanı geri getiren bir rehber olarak işlev görür. İnsan düşünce, anksiyete onu "dünya" tarafından yutulmaktan kurtararak geri getirir" (Yalom,2000:566) der. "Evde olmama" duygusu insanı, dünyanın yalnızlığı, acımasızlığı ve hiçliği ile karşı karşıya bırakır. Refik bundan sonra yaşamına bu duygunun etkisi altında yön verecektir.

Ölüm gerçeği şu iki davranış biçimiyle aşılmak istenir: "Kişisel özel oluşa inanç ve nihai kurtarıcıya olan inanç. Bu savunmalar hayatın ilk dönemlerinden kaynaklanır ve bireyin karakter yapısını büyük ölçüde etkiler. Son kurtarıcıya güçlü bir şekilde inanan (bir başkasıyla birleşmek ve bir başkasının içine gömülmek için çabalayan) insan kendi dışında bir güç arar; (bu güç Refik için babasıdır) diğerine karşı bağımlı, yalvaran bir tavır takınır; saldırganlığını bastırır, mazoşisttik eğilimler gösterir ve baskın olan diğerinin kaybıyla derin bir depresyona girer" (Yalom,2000:249). Cevdet Bey'in kaybı bu yüzden Refik için bir "sınır durumu"dur. " "Sınır durumu" insanı dünyadaki varoluşsal "durumuyla" yüzleştirmeye iten bir olay, acil bir deneyimdir. İnsanın kişisel ölümüyle ("benim ölümüm") yüzleşmesi benzersiz sınır durumudur ve insanın dünyada yaşama şeklinde büyük bir değişiklik yapma gücüne sahiptir. "Ölümün fizikselliği bireyi yok etse de ölüm fikri onu koruyabilir" (Yalom,2000:260). "Ölüm bize varoluşun ertelenemeyeceğini hatırlatır" (Yalom,2000:264). Refik, kişiliği üzerindeki bu baskın gücün -baba modelinin- kaybıyla birlikte yeni bir gelişim süreci içine girer. Birçokları için yakın birinin ölümü, kendi ölümünü derinden hissetmesi ve kabullenmesi sonucunu doğurur. Bu yas döneminde "Mutlak kayıp, ikili duygular ve suçluluk, hayat planının bozulması" (Yalom,2000:273) gibi duygular yaşanır.

Bundan sonra kendi amaçlarını kendisi belirleyecektir. Öğrencilik yıllarında birçok yeni fikir edinmiş ancak bunları hayata geçirememiştir. 'Hayatta ne yapılmalı?" sorusu birdenbire yaşamının en temel sorunu haline gelir. Sonunda ticaretten daha anlamlı bir uğraş edinerek herkese yararlı olmak ister. Yaşamın geçiciliğini kavradıkça kaygılanır. Heidegger'in "anlayış" dediği şey de budur. İnsan bu yüzden sürekli kaygı duyar. İyi bir iş yaparak adının gelecekte de anılmasını ister. "Var olurken kavradığımız kadarıyla varlık; kaygıdır, geçiciliktir" (Wahl,1999:21).

Okuduğu yazarlar da bu varoluş sürecini hızlandırmaktadır. Özellikle Rossueau gibi aydınlanmacı Fransız düşün adamlarının yapıtlarını okumaktadır. Önemsediği yazarlardan biri de Hölderlin'dir. Varoluşçu söylemin en önemli yazarlarından biri olan Heidegger de Hölderlin'in öğretilerinden övgüyle söz eder (Wahl,1999:26). Okuduğu bu tür yazarların da etkisiyle Refik, kendine birçok amaç belirler: Önce, şirketteki payını ağabeyi Osman'a satıp mühendislik yapmayı düşünür. Bilgi birikimini artırmak için bir program ve disiplin içerisinde uzunca bir süre daha okumaya ve yazmaya karar verir. (s.218) Ev ziyaretlerinden, arada sırada da olsa işe gitmekten zamanla daha çok sıkılır. Bir gün de kendini şöyle tanımlar: "Bir tüccar ailesinin tüccar oğlu... Tasasız, dertsiz, boş bir herif... Evlendim... Çocuğumuz oldu. Şimdi de hayatımda anlam olsun istiyorum... ...Her ne kadar damarlarımda tüccar kanı dolaşsa da yüce amaçlar bulmam gerektiğini anlıyorum."(s.220) Bu bir tür baskıdır; insanın sorumluluktan ve özgürlükten kaçamayacağını ifade eder. Sartre (1991:179)'ın

Mathieu'usu gibi Refik de bu özgürlükten -yaşadıklarının tek sorumlusunun kendisi olduğu ve bunu da ancak kendisinin değiştirebileceği gerçeğinden- kaçışının olmadığını far keder. Tıpkı Mathieu gibi "demir parmaklıkları olmayan bir kafeste" olduğunu fark etmiştir. Aylar geçer ancak kendine yeni bir anlam belirleyemez. Zamanla iradesini amaçları doğrultusunda kullanabileceğini keşfeder. İrade dediğimiz şeyse iki temel işlevden oluşmaktadır: Seçme, yani karar verme ve eylem (Dökmen,2000:217-225). Artık o da kararını vermiş ve kararının gereği olan eyleme yönelmiştir. Bu şekilde bir irade kullanımı, aynı zamanda bireyin varoluş sorumluluklarına da uygun hareket ettiği anlamına gelir (Dökmen,2000:227).

Varoluşsal anlamda artık mutsuzdur: Bu, bir bakıma, yaşanmadan çekip giden zamanın karanlığı içinde bekleyen, insanı yaşamından sorumlu olmaya çağıran kaplanın gözlerindeki vahşi, kozmik parıltının hissedilişidir. Acımasız kozmik gerçek, bir anlamda ona şöyle demektedir: "Hiç kimse her şeyi ebediyen yoluna koyduğunu, bundan böyle hayatının kendiliğinden sürüp gideceğini ileri süremez" (Kafka,1995:46). Refik de artık bu süreci yaşamaktadır. Dengesini yitirdiğinin farkındadır. (s.233) Durumundan söz edişi Sartre'in Roquentin'inin sözleriyle de birebir örtüşür. Roquentin günlüğünün bir yerinde şöyle demektedir. "Bir şey oldu bana, evet bundan kuşkum yok artık. Apaçık, belirgin olarak değil de bir hastalık gibi geldi bu" (Satre,1988:11). Refik'in yaşamında da varoluş kendini bir hastalık gibi açığa vurmuştur.

Varoluşsal suçluluk içinde bir süre ne yapacağını, neye tutunacağını bilemez. "... bu suçluluk pişmanlıktan, yaşanmamış hayatın, insanın içindeki dokunulmamış olanakların farkındalığından doğar" (Yalom,2000:58). Bu büyük değişim sırasında "...birey sahip olduğu tek hayatında ne kadar çok şeyi feda ettiğini, gereksiz yere harcadığını düşünebilir" (Yalom,2000:508). Varoluşsal anlamda bu "Sorumluluk iki uçlu bir kılıçtır: Eğer kişi hayat durumunun sorumluluğunu kabul eder ve bunu değiştirmek için bir karar verirse, bundan insanın geçmişindeki enkazdan sorumlu olduğu ve çok uzun zaman önce değiştirebileceği anlamı çıkar" (Yalom,2000:508). Bunun sonucu olarak insan, kendi yaşamına karşı büyük bir suçluluk ve sorumluluk duygusu içerisine girer. "İnsanın kendisini ve dünyasını oluşturması (sorumlu olması) ve sorumluluğunun farkında olması oldukça ürkütücü bir kavrayıştır." Bu kavrayışta, "Kurallar, ahlaki sistemler, değerler yoktur, herhangi bir dış anlam yoktur; evrende büyük bir tasarı yoktur. Sartre'ın görüş açısında birey tek başına yaratıcıdır. Her şeyi o var eder ve o anlamlandırır. Çünkü "insan planı tanrı olmak olan bir varlıktır." Varoluşu bu tarzda yaşamak sersemletici bir histir. ... İnsanın altındaki "zemin" açılmış gibi görünür" (Yalom,2000:351). Bu gerçekle yüzleşen insan yaşamını daha anlamlı kılmak ister. Ölüm gerçeğinin bilinçli düzeyde farkına varma, insanın hayatını, başarılarını düzenlemesi bakımından önemli bir rol oynamaktadır (Mengüşoğlu,1988:331).

Teolojinin hayat kavrayışıyla yetinemez. Bu çağ insanı ona göre akılcı olmak zorundadır. Bireyin ve toplumun kurtuluşu da ancak bu hayat tarzının benimsenmesine bağlıdır. Çünkü, dine dayalı bir anlam, insanı mutlu ediyor görünse bile bu, -Freud (1985)'a göre de- bir yanılsamadır. İnsan yaşamına yalnızca bilimin ışığı altında yön vermelidir. Okuduğu, akılcılığı önemseyen birçok Avrupalı bilim adamı, düşünür, yazar gibi Refik de yaşamını bilimsellikten kaynaklanan bir anlama bağlamak ister.

Avrupa kültürünü tanıdıkça mutsuz olur. (s.239) Amcası Nusret'le düşünceleri arasında bir paralellik vardır. Ona göre de toplum akıl dışı yaşamaktadır. İnsanlar her bakımdan uyuşmuştur. Yaşamak zorunda bırakıldığı hayatın: "...insana yakışmayan, uyuşuk, kötü, pis, dar kafalılık dolu, zavallı bir hayat olduğunu,"(s.239) düşünür. O böyle yaşamayacaktır. Yaşamı algılayış tarzı Avrupalı düşünürlerin görüşlerinden etkilenmiş görünmektedir. Rousseau göre insan, çalışmayı, aileyi ve yurttaşlık görevlerini aşan bir üslup edinirse moeurs -yani; davranışların, değerlerin ve inançların birleşimi olan yapıbozulur. Ona göre yozlaşma, yaşamı üretmeyen, beslemeyen zevkler peşinde koşmak, işlevsel yaşamın dışına çıkmaktır. Hayatta yapılması gereken öyle şeyler vardır ki bunlar can sıkıntısına yer bırakmaz. Gündelik hayat, insanın yapıcı, üretici bir şekilde yaşamasına engel olacak birçok zevkle, uğraşla doludur. Bu türden zevkler insanın çalışma alışkanlığını yitirmesine neden olur. İnsan bu nedenle sürekli yozlaşma tehlikesi içindedir (Sennett,2000:152). Refik, böyle biri olmak istemez. Bunun için mücadele eder.

Düşünmek için adeta kendi içinde yarattığı bir mağaraya çekilmiş gibidir. Günler, aylar geçer ancak hala ne yapmak istediğine tam olarak karar veremez. Bu nedenle de hep gergindir. Yine gergin olduğu bir gün ev gezmesi yüzünden karısıyla arası açılır. Karısını, mutsuz yaşantısının bilinçaltı suçlularından biri olarak görmekte, bu yüzden de bütün öfkesini ona yöneltmektedir. Onu yalnızca eğlence düşünmekle suçlar. Sonra da bağırarak ekler: "Sen kafasız, yüzeysel, zavallı bir yaratıksın! ... Beni hiçbir zaman anlamadın, ne de anlamaya çalıştın."(s.256) Yeni bir hayata başlamak için artık kesin kararını vermiştir: Evi terk edecek, bir ay kadar Ömer'in yanına; Doğu'ya gidip kafa dinleyecektir.

Ömer'le buluştuktan bir gün sonra kendini iyi hissetmeye başlar. Burada günlerini okuyarak ve hayatta ne yapılması gerektiğini düşünerek geçirecektir. İlk günler, ülke sorunlarıyla ilgili tartışma ortamlarına fazla katılmaz. Kafası aile ve ülke sorunlarıyla meşguldür. Bir süre sonra evden ayrılmasına neden olan kavganın suçlusu olarak kendini görmeye başlar. Bir ay sonra karısına kendini affettirmek için bir mektup yazmaya karar verir. Mektubunda birtakım tasarılar üzerinde çalıştığı için İstanbul'a dönmesinin gecikeceğini belirtir. Zamanla zihinsel ve duygusal yetilerinin daha sağlıklı çalışmaya başladığını fark eder. Ruhsal dengesini yavaş yavaş yeniden kazanmaya başlamıştır. Günlüğüne bu konuda şunları yazar: "Başıma iyi ya da kötü şeyler gelmesi, mutlu ya da mutsuz olmam, huzur ya da sıkıntı, bütün bunlar görüyorum ki, bana bağlı, yapacaklarıma bağlı. Hayatımı belirleyecek benden başka bir güç yok. Çok zeki bir insan olmadığımı da biliyorum artık."(s.286) Varoluşsal sorumluluk da işte budur. Yani, "...kişinin kendi özünü, kaderini, hayat durumunu ve hatta acı çekişini yaratığının farkında" (Yalom,2000:346) oluşudur.

"Köyleri orta çağ karanlığından kurtarmak, şehirlerle ve insanlarla ilişkiye sokmak..." Bundan sonraki hayatının amacı bu olacaktır. Neler yapması gerektiği üzerine uzun uzun kafa yorar. Düşüncelerini bir kitaba dönüştürecek, sonra da ilgilenmesi için bunu yetkili bir devlet görevlisine verecektir. Yaşamının bu yeni amaç ve anlamı sayesinde ruh sağlığı da olumlu yönde değişmeye başlar.

Hayatının anlam arayışı o dönemin devlet görüşünden, eğitim politikalarından da etkilenmektedir. O günlerin Eğitim Bakanı Hasan Ali Yücel (1978:313-315)'in anlam görüşü de birçok bakımdan Refik'in görüşüne benzer. Hasan Ali'nin anlamla ilgili sorusu şudur: "Kendi kendimi nasıl bahtiyar edeceğim? Kendimden kendimi ve başkalarını nasıl memnun edeceğim?" Yanıt kısadır: İnsan önce yaşayacaktır: "Bir kelime ile cevap verelim: "yaşamalı" der ve devam eder. "Saadet, hayatını başkalarının hayatıyla muvazeneleyen, kendi yaşamasını başkalarını yaşatmakla ahenkli kılan fertlerden mürekkep bir toplulukta aranabilir. Ahlak, bu muvazene ve ahenkten doğar. Fazilet, başkalarını en aşağı kendi kadar düşünebilmektir." Refik de bir bakıma aynı anlayış doğrultusunda yaşamına yön vermeye çalışır.

Yedi ay sonra Ankara'ya döner. Milletvekili Muhtar Bey, tasarısı hakkında onu bir bakanla görüştürecektir. Uzun uğraşlardan sonra Tarım Bakanına ulaşırlar. Ancak bakan onu anlayamaz. Söylediği en önemli şey, bir yolunu bulup kitabını bastırabileceğidir. Oysa Refik, tasarısının yetkili çevrelerde tartışılmasını istemektedir. Bakanın bu tavrı yüzünden inkılapçı çevrenin hiç de sandığı gibi idealist bir çevre olmadığı fikrine kapılır.

O başkaları gibi değildir; farklıdır. "Var olma" her bakımdan 'başkalarına göre' farklılaşmayı ifade eder. "Var olma" ("ex-ist") da zaten göze çarpma anlamına gelmektedir. Gelişme süreci, Rank'ın da kabul ettiği gibi, ayrılma, ayrı bir varlık haline gelme sürecidir. Bu süreç, özerklik (kendini yönetme), kendine güven, kendi ayakları üstünde durmak, bireyselleşmek, kendine ait birisi olmak, bağımsızlık gibi konuları da içerir. Birey, yaşamına, doğumdan ölüme kadar, aşama aşama, kendinin nerede bitip diğerinin nerede başladığını gösteren sınırlar koyar ve kendine güvenen, bağımsız ve ayrı biri haline gelmek ister (Yalom,2000:569).

Doğu'da bulunduğu aylar içinde Süleyman Ayçelik adında, tasarılarını önemseyen 'Teşkilatçı' bir yazarla yazışır. Ankara'ya döndüğünde onu da görmek ister. Genç Cumhuriyeti etkileyecek bir hareketi başlatabilmek için ondan kendisine yardımcı olmasını isteyecektir. Yazar, tasarısını kastederek: "Ben bunları doğru bulmuyorum. Siz Türkiye'yi köylü cenneti yapmak istiyorsunuz." (s.405) der. O da: "Ben Türkiye herkes için cennet olsun istiyorum." diyerek tasarısını savunur. Ayçelik, onun düşüncelerini birçok açıdan Marks'ın düşüncelerine yakın görür. Bu yüzden ona şu öğüdü verir: "Onlara (köylülere) ben de acıyorum. Eskiden ben bir Marksist olmaya çalışıyordum. Ama sonra duygularıma yenilmeyi öğrendim. Siz de öğrenin. O zaman yazacaklarınızın bir değeri olur!" Ayrıca, sanayi kurulmazsa, emperyalizmin ülkeyi yutacağından söz eder. Refik, biraz düşününce ona hak verir. "Evet, aptalın tekiyim ben!"(s.409) der. Düşünmeye şu şekilde devam eder: "Bütün bu tasarıları hayatıma bir yön vermek için yaptım. Hayatıma bir yön ve amaç vermek için köylülere acıdım. İşte sonra bütün bunların saçma ve boş olduğu ortaya çıktı." Kendini toplum dışı bir yaratık, bir suçlu, hatta bir "sapık"(s.409) gibi görür. Her şeye rağmen yine de umutsuz değildir. Hala toplum yararına iyi şeyler yapabileceğinin umudu içerisindedir. Bir taraftan siyasal düzeni eleştirmekte, bir taraftan da devletçe yapılan her şeye karşı çıkmaması gerektiğini düşünmektedir. Anlam ve amaç arayışını bir süre sonra bu doğrultuda yeniden gözden geçirir. Artık ne eskisi kadar toplum yanlısıdır ne de toplum dışı olacaktır. Gerçi, "Bir insan kendisiyle ve çevresiyle yeteri kadar uzlaşmadan da yaşayabilir, belirli bir varoluş düzeyine ulaşabilir ve bir miktar gelişebilir. Ancak yeterince uzlaşmadan, var olma ve gelişme potansiyelini tam olarak kullanması mümkün değildir" (Dökmen,2000:346).

Toplumla uzlaşayım derken yeniden varoluşsal anlamda bir düşüş sürecine girer. Karısına artık eskisi gibi olmayacağı konusunda söz verir ama sözünde duramaz. (s.455) Birçok zaman yoğun olarak ölümü düşünür. Ölüm, anlam arayışını hızlandıran bir eğitmen olarak yaşamının merkezine giderek daha çok yerleşmektedir. "Nasıl yaşanacağını öğrenmek istiyorsan ölümü düşün," derken Stoiklerin de kastettiği budur. Burada sözü edilen şey sürekli olarak hastalıklı bir ölüm meşguliyeti değil, varlığın bilinçli ve hayatın daha zengin hale gelmesi için zemin ve figürün odakta tutulması ısrarıdır" (Yalom,2000:266).

Dünya ile arasındaki uçurumun artık farkındadır. Karşı konulamaz biçimde herkesten ve her şeyden ayrı olduğu duygusu içindedir. Hayatının gerçek amacını bulamadan ölüp gitmeyi bir utanç olarak görmeye başlar. Yaşanan bu derin araştırma süreci -Heidegger'in "açığa çıkarma" olarak söz ettiği süreç- bizim fani olduğumuzu, ölmemiz gerektiğini, özgür olduğumuzu ve özgürlüğümüzden kaçamayacağımızı kabul etmemizi sağlar. Ayrıca insanın karşı konulamaz biçimde yalnız olduğuna işaret eder. Bu içsel sürecin bir adı da "varoluşsal yalıtım"dır. Bu yalıtım, insanın içindedir ve daima tanınmayı bekler. Ancak insan böyle bir duyguya uzun süre katlanamaz. Bilinç dışı savunma mekanizmaları bunun üzerinde çalışır ve bunu hemen bilinçli yaşantının dışına gömerler (Yalom,2000:556-571).

Toplumsal gelişme için "iktisadi" önlemlerden çok, "kültürel" önlemlere gereksinim vardır... Yaşamının bundan sonraki amacı bu doğrultuda gelişecektir. Yeni amacını, herkesin okuması gereken yabancı dilde yazılmış kitapları Türkçeye kazandırmak olarak belirler. Bu fikrini karısına da açar. Sonunda yapılması gereken şeyi bulmuş olmanın inancı içinde mutludur. Bu amaçla bir yayınevi kuracaktır. Karısı, "Bununla bize yetecek kadar para kazanabilir misin?" diye sorar. O da "Para ve aile bu işin yanında ikinci derecede kalır!"(s.481) der.

Hayatının anlam arayışını, sıradan hayatın -olmazsa olmaz- birçok gereksiniminden daha gerekli görür. Oysa bu arayış bir şekilde dengelenmek zorundadır. Çünkü, Ü Dökmen (2000:115-116)'in de belirttiği gibi "Her insanın içinde coşkun bir ırmak vardır. Eğer bu ırmağın önüne hiçbir set/duvar koymazsanız, taşabilir, size ve çevrenize zarar verebilir. Bütün dikkatini bu yeni tasarısına yönelttiği için çevresinde olup bitenlerle yeterince ilgilenemez. Evliliği bu yüzden sarsılmaya başlar.

Doğru bir amaç tespiti yapabilmek için Marks'a kadar inceler. Marks'ın düşünceleri berraktır, ancak bu düşüncelerin içinde onun işine yarayacak bir şey yoktur. "Okudukça zaten onu hep suçladığımı, suçlu hissetmem gerektiğini düşündüm."(s.536) der. Yaşamının amacı olarak gördüğü eşitlik ve özgürlük fikirlerinin en ateşli savunucularından biri de kuşkusuz Marks'tır. Buna karşın Marks'a yönelik bu önyargının nedeni nedir? Bu anlaşılmaz ipin ucu, doğrudan Işıkçı (Aile Cumhuriyetten sonra bu soyadı almıştır.) ailesinin de içinde yer aldığı burjuvaziye kadar uzanmaktadır. Organik doğanın gelişme kanunlarının Darwin tarafından keşfedildiği nasıl inkâr edilmeye çalışılıyorsa, Marks'ın da insanlık tarihinin gelişme kanunlarını keşfettiği burjuvazi tarafından -bugün bile- inkâr edilmek istenmektedir. (F. Gürses ve H.B. Gürses,1997:32-33) Gerçekte, sosyalist pratiğin bütün başarısızlığına rağmen Marks'ın ve onun gibi birçok düşünürün, bilim adamının öne sürdüğü sömürüsüz bir dünya ideali bugün hala bütün dünyanın gündeminde en ateşli tartışma konuları arasında yer almaktadır. Refik'in Marksizm'i bu anlamda ne kadar anlayabildiği de doğrusu kuşkuludur. Esas olarak düşüncelerinden dolayı değil de suçlu hissettiği, öyle olması gerektiğini sandığı için Marks'a karşıdır. Devlet katında da sürekli bu şekilde suçlanan Marksizm'in, toplumsal bilinç altındaki görüntüsü de budur denebilir. Artık toplum da -devlet baskısı ve önyargısı nedeniyle- Marks'ı tanımadan suçlu görmekte, daha doğrusu suçlu görmesi gerektiğini hissetmekte ya da sanmaktadır. Bu yönüyle Refik, bir bakıma toplumun ve devletin bir yansıması olarak da karşımıza çıkmaktadır.

Poole (1993:184)'ın insanın anlam arayışı sorunu üzerine yaptığı şu tespit, Refik'in durumuyla da bir bakıma örtüşmektedir. Poole'e göre, kimlik durumumuzu gizleyen toplum, daha bütünsel bir ahlak anlayışı oluşturmamıza engel olmaktadır. Bütünlüklü bir ahlak anlayışının sorusu, "Ne yapmalıyım? (Burada, şimdi)" sorusu değil, "Ne türden bir hayat sürmeliyim?" sorusudur. Sorunun amacı, doğrudan halkın refahını yükseltmek için bir şeyler yapmak değil, kişinin daha tutarlı, daha anlamlı ve tatmin edici bir varoluşa dair bir kılavuz aramasıdır. Böyle olduğu içindir ki soru, bencillikten uzaklaşmaktadır. Poole; açıklamasını şu şekilde sürdürür: "Kimliğimi toplumsal terimler içinde kavradığım yerde, bir birey olarak benim için tatmin edici olan hayat aynı zamanda toplumsal refaha katkıda bulunan bir hayattır." Refik'in de yaşamı esas olarak bu anlayış doğrultusunda gelişmektedir denebilir. Bu anlayıştır ki, onu önce kendine, sonra da başkalarına karşı sorumlu olmaya davet eder. Bu sorumluğun yerine getirilemediği durumda ise açığa çıkan duygu suçluluktur. "Varoluşçu psikolojide/psikiyatride de kaynaklı (otantik) yaşamamanın bedeli, suçluluk duymaktır. Kaynaklı yaşamaya Heidegger "otantik olmayan", Sartre ise "samimi olmayan" yaşam biçimi adını veriyor. Otantik yaşamadığımız zaman bir anlamda kendimize ihanet etmiş, kendimizi engellemiş oluruz" (Dökmen,2000:252). Bu durumda fatura insana suçluluk duygusu olarak geri döner. Refik bu sorumluluğun farkındadır. Zor bir süreç yaşamaktadır ancak herhangi bir avunç arayışı içinde değildir. Çünkü avunç aramak, Kafka (1994:12)'nın da ifade ettiği gibi varoluşun sınırında ya da gündelik hayatın içinde yaşamaya razı olmak demektir. İnsan, hayatından sorumlu olduğu derecede yalnızdır. Sorumluluksa yaratıcılığı gerektirir. İnsan evrenin kozmik kayıtsızlığının farkına varır. Diğer canlılardan farklı olarak, kendinin farkında olmayla lanetlenen insanoğlu kaçınılmaz olarak varoluşa maruz kalmak zorundadır (Yalom,2000:563). "Her insan yaşamının bir döneminde başka bir şeye dikkat edemeyecek şekilde varoluş kaygıları yaşar" (Yalom,2000:31). Babasının ölümüyle birlikte daha çok ayrımına vardığı bu gerçek, ölünceye kadar Refik'in peşini bırakmayacaktır.

6. Osman

(Cevdet Bey'in büyük oğludur.)

Cevdet Bey öldükten sonra ev reisliği görevini Osman üstlenir. Refik gibi günlerini, hayatta ne yapılması gerektiğini düşünerek geçirmez. Daha çok babasının bıraktığı işi yaşatmakla, geliştirmekle meşgul olur. Işıkçı ailesinin geleceği artık Refik'ten çok onun sorumluluğu altındadır. Baba otoritesine dayalı geniş aile yapılarında, zamanla yaşlanan babanın yetkesi azalmaya başlar. Bunun sonucunda ya babanın kendi isteğiyle ya da evdeki en büyük erkek çocuğun girişimiyle bütün yetke ailenin en büyük oğluna geçer (Köknel,1986:282). Osman'ı bu duruma biraz da koşullar iter.

Bunca sorumluk arasında bile Refik'in bunalımlarına karşı anlayışlı görünür. Annesi Nigan Hanım, bir bayram günü ona bakarak şöyle düşünür: "Babası gibi geveze değil, babacan hiç değil ve olmayacak."(s.245) Cevdet Bey'den bir diğer farkı da dini konulardaki tutumudur. Örneğin; bayramlarda onun gibi camiye gitmemektir. Böyle davrandığı için Nigan Hanım biraz üzgün görünür. Yine de oğlundan memnundur.

Birçok konuda hayatla kararlılıkla mücadele etmektedir. Babasının ticaret hayatındaki kazanımlarını kendi kazanımlarıymış gibi sahiplenmiştir. Refik evi terk edip, Doğu'ya gitmek istediğinde mantıklı bir ağabey tavrı içinde onu bu kararından vazgeçirmek ister ama başaramaz. Birçok konuda Refik'ten farklı düşünür, farklı yaşar. Sorunları olsa da hiçbir zaman evini ve ailesini terk etmeyi düşünmez. Bir bakıma "düşmüş" bir halde yaşar. Yaşantısına genelde toplumsal ve çevresel koşullar yön verir. Bu ise varoluşuna giden yolu görünemeyecek derecede karartır. İnsanın öz varlığı ile uyum içinde yaşayabilmesi çevreyle kendisi arasında dengeli bir ilişki kurabilmesiyle mümkündür. Kendini; kendi varoluşunun unutarak yalnızca çevreye uyum sağlayarak yaşamak tek yanlı bir etkinliktir. Daha sağlıklı bir ilişki içinde varoluşun mümkün kılınabilmesi içinse toplumla insan arasında olması gereken şey "uyumlaşma"dır. Bu ise bireyle çevre arasında çift yönlü bir etkileşimi gerektirir. Uyumlaşma sürecinin gerçekleştirilemediği durumunda bireyin öz varlığı toplumsal roller içinde kaybolur.

Gerçekte hayatından memnun değildir. İşinin, yaşadığı hayatın kirli olduğuna ilişkin bilinçdışı birtakım kaygılar yaşamaktadır. Bütün gün insanlarla boğuşmaktan, para kazanacağım diye didinmekten kendini düşünmeye vakit bulamaz. Yaşanmayan, farkına varılmayan varoluş sorumluğu her insan gibi alttan alta onu da rahatsız etmektedir. İş nedeniyle kirlenen ruhunu temizlemek için eve döner dönmez uzun uzun ellerini yıkar. Bu el yıkama alışkanlığı, normal el yıkama alışkanlığından oldukça farklıdır. Çünkü ne zaman kendini kötü hissetse -temiz bile olsa- kirliymiş gibi lavaboya gitme isteği duyar. (s.315) Esas olarak işini sevmemekte, "yaşamamakta" yalnızca para kazanarak ailevi sorumluluklarını yerine getirmeye çalışmaktadır. İnsanın "işini yaşaması", içinde bulunduğu anı yaşayarak, işiyle bütünleşmesi, onu zevkle yapması anlamına gelir. Bu şekilde yürütülebilen bir yaşam aynı zamanda insanın kendini var etme çabalarına da hizmet eder (Dökmen,2000:119-206). Osman'ın yaşamında ise böyle bir durum söz konu değildir.

Otuz iki yaşında olmasına karşın ellisinde küçük bir memur gibi çökmüştür. Liseden sonra "ticaretten" okumaya vakit bulamadığından yakınır... Bu yönüyle yaşamı tıpkı babasının yaşamına benzer. (s.20) Gözleri eski parlaklığını kaybetmiş, saçlarına ak düşmüş, az da olsa kamburu çıkmıştır. Karısıyla da ilişkileri çok iyi değildir. Doyumsuz bir aile ve uyumsuz bir evlilik ilişkisi kimi durumlarda- Ömer'in yaşamında olduğu gibi- bireyin sahip olduğu işi aşırı derecede önemsemesine yol açar. Hayat tatmini duygusu, iş doyumuyla giderilmeye çalışılır. Bu aynı zamanda, mutsuz evlilik ortamından bir kaçış yolu olarak da görülebilir (Onur,1991:92). Gereği gibi yerine getirilemeyen varoluşsal sorumluluklara farklı tepkiler verilse de insan hiçbir zaman -bilinçaltı süreçte- böyle bir sorumluluğu olduğunu unutamaz. Gerilimde kurtulabilmek için bu durumda birey kendini herhangi bir şeye verebilir, bu bazen zevk verici bir uğraştır, ya da bilinçsizce yönelinen bir ideolojidir. Sorumluluktan kaçış, aynı zamanda da insanın kendi özgürlüğünden kaçışı olarak karşımıza çıkmaktadır. Bu şekilde özgürlüğünü reddeden birey, yanlış amaçların elinde bir araç durumuna düşebilir, kendi benliğini bunların içinde eritebilir. Ama hoşnutsuzluğu, endişe ve huzursuzluğu olduğu gibi kalır (Fromm,1995:63-64). Sorununsa bir tek çözüm yolu vardır; o da "Gerçekle yüz yüze gelmek... İnsan dünyada tek başınadır. Kendi kaderine ilgisiz kalan bir evrenle karşı karşıyadır. Sorunlarının çözümü konusunda kendini aşan bir gücün olmadığını kavramak zorundadır (Fromm,1995:64).

Sıkıntılı bir hayat yaşadığı gerekçesiyle kendine bir metres tutmuştur. Haftada bir, vakit buldukça ona gider. Karısı bir gün bunun farkına varır ve bu yüzden onunla kavga eder. O da bir daha yapmayacağım diye söz verir ama sözünde durmaz. Bütün sıkıntılarından kendini değil de daha çok başkalarını sorumlu tutar. Bu yüzden de yaşamının anlam süreci hep aynı çizgide devam eder. Yalom (2000:365)'un da belirttiği gibi değişme yönünde bir motivasyona sahip olması için bireyin öncelikle bütün yaşamından -başına gelenlerden- doğrudan kendini sorumlu tutması gerekmektedir. İnsan, kendini yeteri kadar var edemediği durumlarda bazen umutsuzca cinsel arayışlara yönelir. Cinsellik, böyle durumlarda, yaşanan ama tatmin sağlamayan hayat anlamının acılarını, az da olsa giderici bir işlev üstlenir. "Kendini tamamen güce, ilerlemeye, sivrilmeye ve kendisi için bir isim yapmaya adayan başarılı insan, bir noktada bireyselleşmenin yapısında bulunan yalnızlık ve korunmasızlıkla yüz yüze gelmek zorundadır" (Yalom,2000:238). Bu tür ilişkiler sevgi dolu kucaklaşmaktan uzak, manipülatif sekse dayalı başarısız ilişkilerdir. Bireye, kontrol edilemeyen hayatı, kontrol edebileceği duygusunu yaşatır. Kişisel varoluş farkındalığının gelişmesine izin vermez. Altta yatan ölüm anksiyetesinin ve yalıtım duygusunun daha da derinleşmesine neden olur. Bunun sonucu olarak da daha çok yalnızlık ve yalıtılmışlık duygusu yaşanır (Yalom,2000:237-238). Bu tür durumlarda cinsel libidonun varoluşsal boşlukta yayılıp serpildiği görülür (Frankl,2000:102).

Baba otoritesinin yokluğu, Refik'in daha anlamlı bir hayat arayışı içerisinde özgür olmasına, Osman'ın ise, özel yaşantısında ahlaki bazı değerlere ters de olsa daha bağımsız olmasına yol açmıştır. Osman, Refik'e göre daha bireyci bir tiptir. Toplumsal ve evrensel ideallerden uzak yaşamaktadır. Bu yönüyle daha çok Ömer'e benzer. O, az eğitimli, Ömer'se çok eğitimli tüccar mantığında bir iş adamıdır. Osman, ülke sorunlarıyla yalnızca ticaret söz konusu olduğunda ilgilenir. Bu yönüyle de tıpkı babası Cevdet Bey'e benzer. Hatay sorunu o günlerin önemli sorunları arasındadır. Konuyla ilgili gazetede okuduğu bir haber üzerine şöyle düşünür: "Hatay'ın bizim olmasının benim ticaretime ne yararı olabilir? Hatay'a ne satabiliriz? Orası da sonunda bir pazardır ve bize katılması iyi olur."(s.309) Aslında Osman, hayatın sıradan işler içinde boğulan kölesi, Refik'se yüce amaçlar için kafa yoran düşünsel efendisidir. Müzik kursunda Ayşe'yle -kız kardeşiyle- kemancı bir genç arasında duygusal bir yakınlaşma olmuştur. Annesi gibi o da bu ilişkiden hoşlanmaz. Kardeşinin bu kemancı gençten bir an önce ayrılmasını ister. Gencin babasının öğretmen olduğunu öğrenince de şöyle bir yorum yapar: "Öğretmenmiş. Bir öğretmen çocuğu... .... Seni kandırmış işte! Apaçık ortada! İyi bir ailenin kızı olduğunu anlamış. Seni kandıracak, babamın mirasından sana kalanların üzerine yatacak, bütün ömrünce keyif çatacak... Tabi sana borcunu ödemek için gıy gıy keman çalar..."(s.315) der. O da Russell (1996:216)'ın ifade ettiği gibi; uygarlığın doğuşundan bugüne bütün babaların istediğini istemektedir. "Rekabete dayalı toplumlarda babaların en büyük kusuru çocuklarından ailelerine saygınlık kazandırmalarını beklemeleridir. Bunun kökleri içgüdülerde yatar ve ancak içgüdülere yönelik çalışmalarla giderilebilir."

Ailenin bütün üyeleri arasında ciddi bir iletişimsizlik söz konusudur. Geleneksel geniş aile yapıları içinde, aile üyeleri arasında sağlıklı, demokratik ilişkiler geliştirebilmek son derece güçtür (Köknel,1986:281). Bu da Osman'ın ruh sağlığını ve davranışlarını olumsuz yönde etkiler. İş ve aile yaşamından arta kalan zamanlarında, düzenli aidat ödeyen bir üye olarak, bir spor kulübünün içişleriyle ilgilenir. Sporla olan bütün ilgisi de bundan ibarettir. Bunun dışında herhangi bir sosyal etkinliği yoktur.

Toplumda, modern anlamda kentleşme süreci hızlanmıştır. Romana konu olan dönemi de kapsayan; 1927-1945 yılları arasında köylerimizden şehirlerimize doğru bariz bir akın başlamıştır (Meray,1982:123). İstanbul artık hızla değişmektedir. Bu gelişme sürecinin de etkisiyle, annesinin karşı olmasına rağmen, eski evlerini yıktırıp yerine apartman yaptırmak ister. Çocukların doğumuyla birlikte, oturdukları ev artık ailenin ihtiyaçlarını karşılamaya yetmemektedir. Kentte eski binalar hızla yıkılmakta, yerlerine yeni binalar yapılmaktadır. Bunun sonucu olarak da eski geniş aile yapıları çözülmeye başlamıştır. Osman'ın yaşamsal öncelikleri toplumsal dönüşümlere ayak uydurmak, herkesin yaşadığı gibi yaşamak; herkes gibi apartman yaptırmak, para kazanmak gibi şeylerdir. Eski evlerinin yerine apartman yaptırmayı istemesinin bir nedeni de aslında bütün aileyi bir arada tutabilmektir. Çekirdek aileler halinde yaşama düşüncesi ilk önce Refik'in kafasında belirir.

Osman'ın varlığı, aile içinde her şeyin iyi olduğunun, iyiye gittiğinin de bir kanıtıdır. Birçok konuda ailenin karamsarlığa kapılmamasına o engel olur. Refik'in evi terk etmesi yüzünden son derece üzgün olan annesine bir gün şöyle der: "İyiyiz anne, hepimiz iyiyiz, hamdolsun! Her şey iyi, hepimiz sağlıklıyız, şirket de iyi, niye şikâyet ediyorsun?"

Ne toplumla ne de savaşan dünyanın sorunlarıyla ilgilenir. Sartre (1990:66-67)'ın ifade ettiği gibi kendini dünya işlerinden sorumlu hissetmez. Bireysel edimlerini, düşüncelerini bütün insanlığa bağlayamaz. Toplumsal çalkantılar, aile ve ticaret hayatını etkilemedikçe umurunda olmayacağa benzemektedir. Savaş halindeki insanların içinde bulundukları durumu gözlerinin önünde canlandırmaya, onların duygularını paylaşmaya çalışır ama, okuduğu haberler, içinde bir felaket duygusu ve saklanma isteğinden başka bir şey uyandırmaz. Böyle durumlar aklına, İstanbul'un bombalandığını, Karaköy'ün ve Sirkeci'deki şirkete ait depoların yandığını, bütün bilanço defterlerinin, bonoların ve bütün müşterilerle birlikte stokların yok olduğunu getirir. Eğer bir savaş çıkarsa o yalnızca saklanacak ve her şey bitene kadar uyuyacaktır. (s.505)

7. Ahmet

(Cevdet Bey'in Torunudur.)

Üçüncü bölümün en önemli karakteri Ahmet'tir. Bu bölümde bütün aile aynı apartmanda oturmaktadır. Günlerden 14 Aralık 1970'dir. Işıkçı ailesinin yaşamı bu bir günlük süre içerisinde derinlemesine ele alınmaktadır. Gazete haberleri siyasal olaylarla doludur. Toplum çalkantılı, politik bir sürece girmiştir. Hükümet, daha önce, askerler tarafından bir muhtırayla uyarılmıştır.

İkinci bölümde yalnızca doğumundan söz edilen Ahmet şimdi otuz yaşındadır. Apartmanın bir dairesinde tek başına yaşamaktadır. Daha önce Paris'te dört yıl resim eğitimi görmüştür. Günlerini resim yaparak geçirmektedir. Biraz para kazanıp geçimini sağlayabilmek için de arada sırada öğretmenlik yapmaktadır. Ziya -Nusret'in oğlu- aracılığıyla ordunun yönetime el koyacağını öğrenmiştir. Bütün burjuvazinin ve kendilerinin de oturduğu bütün Nişantaşı'nın bir "darbe" vuruşuyla altüst olmasını istemektedir. (s.543) Ancak darbe söylentisinin gerçek olabileceğinden çok da emin değildir.

"Sanat ağacından bir meyve koparabilmek için"(s.544) sanata hayatını sunmaya çalışmaktadır. Esas olarak hayatının anlamı da bu görünmektedir. Birçok ruhbilim öğretisi yaratıcılığı, -sanat yönelimini- insanın kaygıdan kurtulmak, hiçliğe, korkuya, ölüme karşı direnmek, kendini gerçekleştirmek ve varlamak için başvurduğu bir yol olarak görür (Köknel,1986:447). O da buna benzer duygularla sanata yönelmiştir denebilir. Yaşamının en temel sorusu, "Ben neyim?"(s.544) sorusudur. A. Gide (1994:5)'nin de ifade ettiği gibi insan önce kendini tanımalı, sonra elindeki -tüm insanlığa ait- mirasın bilincine varmalı ve onu kendine yararlı kılmalıdır. Ahmet de esas olarak bu amaç doğrultusunda yaşamına yön vermeye çalışır. Varoluş, bu kez de onun yaşamında, "Ben neyim?" sorusunun derinliğinde kendini ortaya koymuştur. Kendini tanıma ya da bilme isteği, her türlü değişim ve dönüşümün ilk devinim hareketidir. Kimi durumda toplumsal roller o derecede benimsenir ki insan gerçekte kim olduğunu unutur. Oysa olması gereken bireyin sahip olduğu rollerle kişiliği arasında bir denge kurabilmesidir. Gerçekte kalıcı olan "ben" dir. Ahmet de işte bu "öz ben"i bulma arayışı içindedir.

Ahmet'in yaşamında da gözlenen, varoluşu, "Ben neyim, kimim?" gibi sorularla açığa çıkaran güdü, insana sonradan eklenmemiştir. Her insanda "Kendini gerçekleştirme eğilimi tek bir temel güdüdür. Organizmanın kendi kapasitesi yönünde gelişmesi, devam etmesi, zenginleşmesi ve üretmesi için doğasından gelen aktif bir süreçtir. (...) Rogers; bireysel ve grupla danışmadaki yaşantıları ve öğrencilerine "özgürce öğrenme" yaşantılarını sunma çabaları sırasında, insanların en etkileyici özelliğinin, potansiyellerini gerçekleştirerek bir bütünlüğe yönelme eğilimi olduğunu gözlemiştir" (Nelson ve Jones,1982:18). O da henüz yeteri kadar açığa çıkaramadığı potansiyeli yoluyla kendini var ederek bir bütünlüğe ulaşmak ister.

Kız kardeşi Melek hariç, siyasal görüşlerini aile çevresinden mümkün olduğu kadar gizlemeye çalışmaktadır. Toplumda feodal ilişkiler ağı Batılı anlamda henüz çözülmemiştir. Bu da onun bireyselleşme arzularının üzerinde bir yük oluşturmaktadır. Bireyselleşmek ya da bu doğrultuda bireyin kendini var etmesine olanak tanımak ancak empatik bir toplumda mümkündür. Yeterince empatik bir toplum olmadığımız görüşü bugün bile son derece yaygındır. Toplum feodal, Işıkçı ailesi hala gelenekçidir. İnsan olduğu gibi görünmeden daha doğrusu spontan yaşayamadan yaratamaz ve kendini geliştiremez. Yaratıcılığın ön şartı spontanlıktır. Çevre baskısından ne pahasına olursa olsun kurtulmayı gerektirir. Ayrıca toplumların gelişebilmesi de spontanlık ve yaratıcılığın her birey için ne ölçüde mümkün kılındığına bağlıdır. Ahmet, bu yapı içerisinde her şeye rağmen var olmaya ve yaratıcı güçlerini açığa çıkarmaya çalışmaktadır. Darbe söylentisine sevindiği halde, böyle bir darbeye karşı olduğunu belirtir. Buna neden olan şeyin, bilinçaltı süreçte, aile sevgisini, ilgisini, dayanışmasını kaybetme korkusu olduğu düşünülebilir. Gerçi yaşamını, kendi istekleri doğrultusunda çevreye kabul ettirme konusunda çok yol kat etmiştir. Bu yüzden tamamen spontan olmayan bir yaşantı içinde olduğu söylenemez.

Kız arkadaşı İlknur, yaptığı resimlerin Goya'nın etkisi altında olduğunun farkındadır. Bu yönde bazı resimlerine sıkı bir eleştiri getirir. Goya etkisinden uzak görünen diğer resimlerininse boşa zaman kaybından başka bir şey olmadığı kanısındadır.

Melek gittikten az sonra odasına Hasan adında bir arkadaşı gelir. Hasan, "Namuslu çocuktur." "Ne de olsa devrimci"(s.560) dir. Hasan'ın kimliğinde, ait olduğu grubu bu şekilde niteleyerek kendini de bu niteliğin bir parçası olarak görmeye çalışır. Bu nitelemenin altındaki diğer saklı bilgi ise şudur: Devrimci olmayanlar bizim kadar namuslu, güvenilir değildir. Bu tavrıyla bir bakıma kalıplaşmış bir tutum içindedir. "Kalıplaşmış tutumlar" çevremizi, kişilik özelliklerimiz doğrultusunda yorumlamamızın, biçimlendirmemizin de önemli araçlarındandır. Aynı zamanda kişilik bütünlüğünün de vazgeçilmez bir parçasıdır. Bireyi iç çatışmalardan korur ve yaşamı daha kolay kavranır hale getirir (Kağıtçıbaşı,1983:103-127-156).

Siyasal olarak kendini bağımsız bir sosyalist olarak tanımlar. Bağımsız bir sosyalist olarak bugüne kadar ne yapmıştır? Her şeyi eleştirmiş ancak hiçbir zaman kendi düşünceleri doğrultusunda eyleme geçmemiştir. Tek eylemi, bütün aile çevresine olmasa bile arkadaş çevresine sosyalist olduğunu açıklamış olmasıdır. Bunun dışında politikayla, en azından arkadaşlarının istediği düzeyde ilgilenmemekte, oldukça politik görünen bu arkadaş çevresi içinde yaşanan siyasal tartışmalara yalnızca izleyici olarak katılmaktadır. Hem solcudur hem soldan yanadır hem de bütün sol guruplara karşıdır. Tıpkı Nusret'in Jön Türk hareketinin içindeki durumunda olduğu gibi... Son noktada solculuğunu, "Biz resim yapıyoruz işte!"(s.562) diyerek savunur. Bunu da Hasan'ın 'iyi çocuk' oluşuna sığınarak söyler. Çünkü, 'İyi çocuk' olmayanlar onu bu tavrından dolayı eleştirmektedir. Kitlelere güvenmemekle, teslimiyetçi olmakla suçlamaktadır. (s.563)

Hasan, Ahmet'in yanına o gün siyasal amaçları için yardım istemeye gelmiştir. Kendisinin de içinde bulunduğu bir grup, solda birlik için bir dergi çıkarmaya hazırlanmaktadır. Bunun için de para gerekmektedir. Para bulma ve dergi kapağı hazırlama konusunda belki Ahmet onlara yardım edebilecektir. Ahmet, elinden gelen yardımı yapmaya hazırdır ne ki, para yardımı konusunda bazı sıkıntıları vardır. Resim ve Fransızca dersleri vererek para kazanacak, bu şekilde arkadaşlarına yardımcı olacaktır. Hasan, bir süre sonra paradan çok ideolojik olarak yan yana durmalarının daha önemli olduğunu açıklar. Ahmet'se bu konuda kararsızdır. Nasıl olsa yakında darbe olacak ve her şey hallolacaktır.

Hasan gittikten sonra tekrar resimleriyle baş başa kalır. Bir ara tablolarına bakarak şöyle düşünür: "Nedir yani şimdi bunlar? Bunlar ne işe yarar? Bunları kimin için yapıyorum? Hepsi kötü! Hepsi çiğ, yüzeysel, sahte, içtenliksiz, bayağı! Goya'nın, Bonnard'ın sonra bütün empresyonistlerin defalarca yaptığı şeylerin bayat bir tekrarı."(s.579) Bunları düşününce telaşlanır. Hayatını boşu boşuna tüketmediğine kendini inandırmak için bu düşünceyi zihninden hemen uzaklaştırmak ister. Aksi taktirde kendisiyle ve çevresiyle barışık yaşayamayacak, yıllardır oluşturmaya çalıştığı anlam şemasının kaybıyla büyük bir boşluk içine düşecektir.

Bütün davranışları, -insanlarla çok az iletişime geçmesi, evinden çok az çıkması, sürekli fikir değiştirmesi, birçok konuda kararsızlık göstermesi gibi nedenlerden dolayı- birçok bakımdan şizoid bir kişiliğin rengini taşır. Bu durumdaki kişiler için sanat, başkalarıyla iletişime geçme gereksinimine yardım ederken, çelişkili, gizli duyguların yüceltilerek ortaya konmasına da aracılık eder. Çünkü sanatsal üretim, insanı kendisiyle, çevresiyle, hatta bütün evrenle yoğun bir etkileşim süreci içerisine sokar. Ancak bu etkileşim, bireyin -yani sanatçının- seçimi doğrultusunda ve onun belirlediği zamanda ve izin verdiği kadar gerçekleşir. Yani durum tümüyle kişinin denetimi altındadır. Bu sayede insan, duygularını kontrollü bir şekilde ifade ettiği, önceden tasarlanmış bir form içinde ortaya koyduğu için, yanlış anlaşılma riskini de azaltmış olacağını düşünür. Duygu ve düşüncelerinin, yani kişiliğinin ne kadarını açıp ne kadarını açmayacağını sanat üreticisi, sanat yoluyla kendisi belirler. Bu eğilimdeki şizoid kişinin en temel trajedisi, nefretten ne kadar korkuyorsa, sevgiden de o kadar korkmasıdır. Çünkü birine sevgiyle yakından bağlanmak onun için "yenilmek ve yutulmak" riski taşır. Kişiliğin sanatla ifade edilmesi durumunda ise bu risk azalır. Sanat, yakın iletişim korkularını azaltırken bir yandan da kişinin evrenle bütünleşmesine aracılık eder. Bir sanat yapıtıyla dolaylı iletişim aynı zamanda diğer insanlardan farklı olma, onlar karşısında bir üstünlük kurma anlamına gelir (Storr,1992:69-80). Bu aynı zamanda özel olma mitinin tatmini doğrultusunda entelektüel bir çabadır.

Halka hizmet edebilmek için sürekli daha çok resim mi yapmalıdır, yoksa daha aktif bir şekilde siyasetle mi ilgilenmelidir? Bu iki seçenek arasında sürekli bocalamaktadır. İnsanlığın gelişimine katkı anlamında, zaman zaman sanata olan inancı sarsılır gibi olunca derin bir kaygıya kapılır. Böyle bir şeyi kötüden de çok, felaket bir durum olarak yorumlar. Hasan'ın: "Bunlarla, bu resimlerle devrim yapılamaz,"(s.598-599) sözü, hayat anlayışında ciddi bir sarsıntıya neden olur. Sanatına olan inancını yenilemek için İlknur'dan yardım ister. İlknur, Hasan'ın haksız olduğunu söyledikten sonra: "Sen resimlerinin gerekli olduğuna inanmıyorsun!" der. Ahmet, bu soruya "Evet!" (...) "Ne yapayım?" şeklinde bir karşılık verir. İlknur devam eder: "Sen, 'Eylem! Eylem!' diyenlere hak verdiğini gösterdiğin için sıkılıyorsun. ...gerekliliği çok daha kolay kavranabilir, açıklanabilir bir şey yapmaya karar verdin." Resimlerini göstererek: "Çünkü bunlar o görevi yapamıyor. Sana öyle geliyor." Ahmet bu yorumu da kabullenir ve kızar. Ne zamandır görmek istemediği bir gerçekle yüz yüze gelmiş gibidir. Kendine karşı zaman zaman o da acımasızdır. İlknur'un açıklamalarına şu sözlerle adeta destek olur: "İnsanın bu resimleri yapması için, işte benim gibi biraz tuhaf olması lazım! Bütün o eylem diyenler, beni iğneleyenler, herkes haklı. Aklı başında bir insanın sanatla uğraştığı nerede görülmüş?"(s.599)

İlknur'un Avusturya'ya gitmek istemesi hayatında yeni bir boşluk yaratır. Bu boşluğu kendine yeni amaçlar belirleyerek gidermeye çalışır. Bundan sonra evde fazla oturmayacak, belki bir işe girecek ve hepsinden önemlisi de bundan sonra devrimci hareketin aktif bir üyesi olacaktır. Büyük bir kararsızlık içinde: "Ben. Ben ne yapayım!" diye kendi kendine söylenir. Yeni hayat ve anlam anlayışını onaylaması için İlknur'dan destek bekler. İlknur: "Ne diyeyim! Çok fazla düşünme!" demekle yetinir. O da kendi kendine şu açıklamayı yapar: "Duygularım bana Hüseyin Aslantaş öldürülürken ihtiyar tüccar resimleri yapmanın da pek doğru bir şey olmadığını söylüyor."(s.600) Birkaç saat önce Goya gibi bir ressam olmanın özlemi içindeyken birdenbire resim yapmaktan vazgeçmiş gibidir. İlknur'a: " Bana bir şey söyle ki, eskiden olduğu gibi inanarak çalışabileyim!" der. Ama İlknur, duymak istediği o sihirli cümleyi bilmemekte, söyleyememektedir.

Gerçekte İlknur -ya da başkaları- ne derse desin o yine de resim yapmaya, sanatla ilgilenmeye devam edecektir. O halde neden böyle davranmaktadır? Neden, sanatta kendi adına ya da halk yararına yeteri kadar başarılı olamayacağı düşünmekte ya da öyle görünmektedir? Çünkü yeteneklerine ve sanat birikimine duyduğu inanç zayıftır; kendini yeterince tanıyamamaktadır. Bu yüzden de bocalamakta, kendini daha başarılı olabileceği başka bir alanda ifade etmek istemektedir. Sanatla siyaset seçeneği arasında sıkışıp kalmasının bir nedeni de budur. "Türkiye'de resim yapmak, insanın bağıra bağıra konuşması gereken bir ülkede dilsizliği seçmek gibi bir şey."(s.601) derken Hasan haksız mıdır? Hasan'ın bu yorumunu bazen kabullenmekte, bazen de kabullenememektedir.

Sürekli fikir değiştirdiğinin, bir dediğinin bir dediğini tutmadığının kendisi de farkındadır. Bu tutumunu: "Ben sanatçıyım. Biliyorsun sanatçıların bir dediği bir dediğini tutmaz."(s.601) diye açıklar. Sözleri bazen şaka, bazen gerçek gibidir. Ancak İlknur, bu şakaların altında yatan gerçeği sezmekte ve yaşamına, duygu ve düşüncelerine ilişkin üzücü açıklamalar yapmaktadır: Bu yüzden ona: "Pis bir bireyci olmaktan kork biraz. Canın biraz sıkılınca hemen inandıklarını değiştirme"(s.602) derken şaka yapmamaktadır.

Ray Nar'a göre insan şu üç nedenden dolayı kendisini yeteri kadar tanıyamaz: Birinci neden çevredir; bazen çevre, tuttuğu aynada bireyin kişiliğini ve özelliklerini çarpıtarak gösterir. İkinci neden çevreden edinilen bilgilerin yanlış programlanmasıdır. Buna neden olan şeyse, doğru bilgilerin bireye gerektiği şekilde aktarılmamasıdır. Yani, insan haysiyetini zedeleyici bir tarzda, kızgınlık, alay ve suçlamayla verilmesidir. Bu şekilde edinilen bilgiler, bireyin kendisini tanımasına yeteri kadar yardımcı olmaz. Üçüncü bir nedense, geçmişte yaşanmış olan üzücü deneyimlerdir. Bu deneyimler acı verici anılar olduğundan bilinç dışına itilerek unutulmaya çalışılır. Sonuçta birey bu deneyimlerinden yararlanamaz ve onların doğru davranış geliştirmesini engelleyici baskısı altında yaşar (Naar,1993:16-18). Bu bilgiler ışığında Ahmet'in varoluş düzeyinin düşük olduğundan söz edilebilir. Varoluş düzeyi yüksek olan kişi duygularını, düşüncelerini fark edebilir, seçim yapmakta ve o doğrultuda yaşamakta güçlük çekmez (Dökmen,2000:349).

Her konudaki kararsızlığı, duygu ve fikir bulanıklığı yüzünden İlknur, kararlı olunması gereken önemli konularda ona fazla güvenmez. Belki de bu nedenle; "Biz evlenelim mi?" dediğinde ona şu karşılığı verir: "Tuhafsın bu akşam! ... Bak şimdi eve git, fazla düşünme, bol bol çalış..."(s.604) der. Böyle 'saçma' bir öneriyi nasıl yaptığına bir süre sonra Ahmet kendi de şaşar. Kişiliği hakkında kendi kendine bir yargıya varamayınca en sonunda: "Benim kim olduğumu başkaları bilir!"(s.605) der.

Bireyi yaratmaya iten itilerden biri Storr (1992:262)'un da belirttiği gibi kimlik arayışıdır. Yaratıcı kişiler şizoid olsalar da olmasalar da kalabalık ortamlarda gerçek benliklerini gizlediklerinden, şizoid gibi davranırlar. Aynı şekilde -Freud da Dostoyevski örneğinden hareketle- olağanüstü bir duygusallıktan kaynaklanan şu üç etkene; sado mazoşizm, suça yatkınlıkla donatan sapık bir içgüdü, çözümleme konusu yapılamayan bir sanatçı yeteneğine rağmen kişi bir nevroza yol açmaksızın varlığını sürdürebilir. Nitekim bu durumda olan ancak nevrozu bulunmayan insanlara da rastlanmaktadır (Freud:49-50). Sanatsal üretim gereği sürekli kişilik ve kimlik değiştirmek zorunda olduklarından kimliksizlik, sonuçta her sanatçının yaşamak ve katlanmak zorunda olduğu bir paradokstur. Oysa sanatsal üretim sağlam bir ego bütünlüğü gerektirir. Bu bütünlük, sanatçının üslubunda ve üslubun şekillendirdiği yapıtlarda gözlenir. Ancak bu üsluba ve ego bütünlüğüne bakılarak sanatçının kimlik sorununu diğer insanlar gibi halletmiş olduğunu düşünmek yanlıştır. Esas olarak, sanatsal üretim için bu sorunun çözümlenmemesi de gerekmektedir. Çünkü genel anlamda sanatsal üretim bu arayıştan kaynaklanır (Storr,1992:262-274). Ahmet bu arayışın ve kimliksizliğin tipik bir örneğidir.

II. DİĞER ERKEK KARAKTERLER

1.Tüccarlar

Cevdet Bey'in kayınbabası olacak olan Şükrü Paşa tüccarlardan fazla hoşlanmamaktadır. Bütün paşalar, Osmanlı'nın bozulan ekonomik durumu nedeniyle zor durumdadır. Şükrü Paşa istediği için değil, rahat ettireceğine inandığı için kızı Nigan Hanım'ı Cevdet Bey'e vermek istemektedir.

Ziyaretine geldiğinde Cevdet Bey'e bir "hamam böceğine" bakar gibi bakar. Yüzüne karşı, "Kızımı bir tüccara vereceğim aklıma gelmezdi. Üstelik bile bile, seve seve veriyorum. Oğlum seni takdir ediyorum, beni yanlış anlama, eğer ağzımdan kaba sözler çıkıyorsa sana kendimi yakın hissettiğim içindir."(s.57) der.

Eğitim düzeyleri ne olursa olsun, romana konu olan tüccarlar genellikle -en azından yakın çevrelerini memnun edecek ölçüde- kararlı tiplerdir. Başlangıçta Refik de onlar gibidir. Ne zaman ki tüccar olmaktan vazgeçer, bütün ilişkileri, bütün hayatı alt üst olur. Cevdet Bey'le Osman'ın yaşamında ise böyle şeyler fazlaca görülmez. Tüccar karakterlerin bir tek amacı vardır o da daha çok para kazanmak, ailelerine daha iyi bir gelecek sağlayabilmektir. Toplumsal sorunların çözümü onları ilgilendirmemektedir.

Roman'ın fazla önemli olmayan tüccar isimlerinden biri de Sait Bey'dir. Yıllardır ithalat işiyle uğraşmaktadır. Genel anlamda hayatından memnudur. Mesleki ve duygusal olarak kafasının rahat olduğu görünür. Bir paşa oğludur. Genç Cumhuriyet'in Avrupa yolunda ilerliyor olmasından hoşnuttur. Toplumla uzlaşmıştır. Ailesiyle birlikte yılda bir yurt dışına geziye gider. Kendi rahatını kurmuş, amacına ulaşmıştır. "Hayatta nasıl yaşanmalı?" sorusu bu yüzden artık onu ilgilendirmemektedir. Anlam arayışı içindeki Refik'e bu konuda şöyle öğüt verir: "Neşelenin, coşun, hayatın içine girin. Yaşayın! Yoksa çok mutsuz olursunuz! Yaşlanınca bu hırçınlığın boş olduğunu anlarsınız."(s.535) der. Toplumla, toplumdaki eşitsizliklerle, haksızlıklarla ilgilenmek, bunları çözmeye çalışmak ona göre boşuna zaman kaybıdır.

Mühendis olmakla birlikte Ömer'i de diğer tüccar karakterler arasında saymak mümkündür

.

2.Milletvekilleri ve Müteahhitler

Refet Bey, eski bir milletvekilidir. Nazlı'nın babası Muhtar Bey'le birlikte bir dönem Meclis'te bulunmuştur. Cumhuriyet'in toplumu kalkındırma, geliştirme ideallerinden başlangıçta o da çok etkilenmiştir. Genel olarak kendinden, düşüncelerinden, hayatı algılayış tarzından hoşnut görünür. Muhtar Bey, inkılapların geleceği konusunda kaygılı olduğunu açıklayınca ona, canını sıkmamasını, neşelenmesini söyler. (s.376)

Siyaseti bıraktıktan sonra Keçiören'de bir bağ evi almıştır. Eski arkadaşları toplum yararına işler yapabilme arzusuyla Meclis koridorlarında dolaşırken, o şöminesinin başında tavla oynar, şarap içer. Toplum için durmadan bir şeyler yapmaya çalışmak ona göre boşuna bir uğraştır. Arkadaşlarını da bu gerçeği görmeye davet eder. Artık ticaretle uğraşacak, para kazanacak, toplumu geliştirme sıkıntısından uzak kendi hayatını yaşayacaktır. "Hayatta nasıl yaşanmalı?" sorusuna verebileceği tek karşılık da bu olsa gerektir.

Romanda bir de bazı milletvekilleriyle çıkar ortaklığı yaparak, her bakımdan onlarla iyi geçinerek, demir yolu yapımı sırasında zenginleşen müteahhitlerden söz edilir. Çıkarlarına zarar geleceği korkusuyla bunlar, yanlış da olsa devletin aldığı her kararla, her uygulamayla uzlaşmaya hazır görünürler. Yeni devlet düzeninin birçok bakımdan kendi çıkarlarına uygun olduğu düşüncesi etrafında birleşmişlerdir. (s.325) Bir de demir yolu işinde, bu müteahhitler kadar zengin olmayı isteyen hevesliler vardır. Onlar da "bütün varlıklarını ve geleceklerini" milletvekillerine ve devlete olan bağlılıklarında görürler.

Romanın, küçük; yan karakterlerinden biri olan Kerim Naci Bey de tam bir düzen adamıdır. Onun da düzene karşı ya da kendine özel bir hayat anlamı arayışı içinde olmadığı görülmektedir.

Ticarette başarı elde edebilmek, siyasetçilerle kurulacak iyi ilişkilere, daha doğrusu çıkar alışverişine bağlı görülür. Bu nedenle de tüccarların, müteahhitlerin çoğu siyasetle ilgilenmeyi sırf bu yüzden ticari gelecekleri için yararlı görmektedir.

"Hayatta nasıl yaşanmalı?" sorusunun önemli mağdurlarından biri de milletvekili Muhtar Bey'dir. Atatürk döneminde bir ara vali olarak görev yapmıştır. Atatürk'ün sağlığında daha olumlu, kararlı, inançlı biri olduğu anlaşılmaktadır. Atatürk öldükten bir süre sonra beklentileri gerçekleşmeyince, Refet Bey gibi o da toplumsal anlamda büyük bir ideal kaybına uğrar. İnkılapların bir kadronun eseri değil, bir tek kişinin eseri olduğunu düşünmeye başlamıştır. O bir tek kişi de ölünce artık her şey bitmiştir. Yaşamıyla Atatürk'ün yaşamını karşılaştırınca kendisini çok değersiz görür. (s.396) Kendini ve yaptıklarını inanılmaz ölçülerde küçümser. Bir süre sonra da bu küçük adam kimliğine uygun davranışlar göstermeye başlar. Atatürk zamanında bazı davranışları taktir edilmiştir ancak bu yeni dönemde daha önemli görevler üstlenmek istemektedir. (s.397) "...değil girdiği salonu, oturduğu koltuğu bile dolduramadığını..."(s.398) düşünür. Milletvekilliği ve kişiliğine ilişkin bunca güvensizliğe rağmen "...benim için hayatın anlamı hizmet etmek, memlekete hizmet ederek yükselmektir!"(s.398) der. Bu şekilde, kendine yüce ama yapay amaçlar yaratarak değersizlik duygularından kurtulmak ister.

Valiliği sırasında gericilere karşı verdiği mücadeleden dolayı kendisiyle gurur duymakta, ya da kendini buna inandırmaya çalışmaktadır. Mecliste her zaman akılcı ve kararlı bir milletvekili olarak örnek davranışlar sergilemiştir. Bakanlık yapan ya da partide görevleri bulunan milletvekillerinin kimi gazeteci, kimi avukat, kimi de toprak ağasıdır. Oysa onun tek görevi milletvekilliğidir. İsmet Paşa'ya bağlıdır. Makam elde edebilmek, bağlılığını kanıtlamak için Meclis koridorlarındaki bütün dedikodulardan Paşa'yı haberdar eder. Bu davranışını da "Kötü bir şey değil ki bu!"(s.400) diye yorumlar. "Çok zeki biri olmadığımı kabul ederim. ...Benim gibi insanlar zekalarıyla değil, bağlıkları ve inançlarıyla yükselir..." der. Halkın geleceği ile ilgilenmez. Yalnızca başkalarının hazırladığı projeler doğrultusunda yaşamına yön verir. Refik gibi bir "hayalperest" olmaktan korkar.

Aylar geçer, yeni görev beklentileri bir türlü gerçekleşmez. Atatürk öldükten sonra da eski kadro, devleti idare etme görevine devam eder. İsmet Paşa'ya ve arkadaşlarına olan bütün güvenini, bütün saygısını artık yavaş yavaş yitirmeye başlamıştır. Zamanla inandığı bütün değerler sarsılır. Bu yüzden mutsuz olur. Hayatının anlamını yeniden keşfetmesi gerekmektedir.

Aslında bu yeni dönemde de eski kadro tarafından tamamen unutulmuş değildir. Görev alacaklar listesinde onun da adı vardır. Bunu öğrendiğinde bile artık mutlu olamaz. Sanki o güne kadar göremediği bir gerçeği yeni görmüş gibidir. Bütün milletvekillerinden nefret etmekte, hatta iğrenmektedir. Mecliste dönen entrikalardan bıkmış usanmıştır. Bu yüzden Meclis koridorlarında kimseyle selamlaşmak istememektedir. İstemeye istemeye bir gün bir bakanla selamlaşmak zorunda kaldığı için kendini suçlu gibi hisseder. Bunu bir kişilik sorunu haline getirir. Arkadaşlarına, partiye olan öfkesi bir türlü yatışmamaktadır. Davetli olduğu bir ortamda çevresine bakınarak şöyle düşünür: "Ah burada ne işim var? Burada bir soytarıdan farkım yok! Şu yemekler... Memleket aç bunlar burada tıkınıyor. Şu çıplak kollu, tombul, iğrenç kadınlar... Nasıl da atıştırıyorlar... Kölelerin karıları, kızları... Hayır, benim kızım böyle olmayacak! ..." (s.433)

Birdenbire ne yapması, nasıl yaşaması gerektiğini bilemez hale gelmiştir. O güne kadarki bütün istemlerinin, çabalarının boş bir uğraş olduğu inancı içine girer. Yaşamı, bu yönüyle Schopenhauer felsefesinin izlerini taşır. Psikolojik dengesini yeniden kurabilmek için ileri bir yaşta, yeniden, birçok kişinin yaptığı gibi sıradan bir amaç edinmeye çalışır. Sonunda "Refet gibi yapmalıydım ben de..." diye düşünür. "Refet gibi yapmalı, bütün bu ikiyüzlülüğü bir tarafa bırakıp, para kazanmalı, keyfime bakmalıydım. O zaman Keçiören'de bir bağ evim olurdu. Eve şömine yaptırır, yanan odunların çıtırtısını dinleyerek sigara içerdim..."(s.434) der. Bu şekilde kendine, içinde yalnızca kendi huzuru ve rahatı olan yeni bir hayat kurmak ister.

"Hayatta ne yapılmalı?" sorusu bu şekilde onun da yaşamının temel sorunu haline gelir. Ancak, bulduğu çözüm, varoluşçuların sözünü ettiği içerikten tamamen yoksundur. İnsanın varoluşuna bulunabilecek en iyi çözüm, geriye giderek değil, insanın insanca güçlerinin tümünü, başkalarının da yararını gözetecek şekilde, yeni bir uyum içinde seferber etmesiyle mümkündür (Fromm,1990:1245-125). Muhtar Bey'se bu amaçlardan uzaklaşmış, doğrudan kendi içine kapanmıştır.

3.İnkılapçı Bir Yazar: Süleyman Ayçelik

Süleyman Ayçelik'in Siyasal ve ekonomik anlamda devletin nasıl idare edilmesi gerektiği konusunda oldukça net fikirleri vardır. Düşüncelerine duygudan daha çok mantık egemendir. Cumhuriyet gençliğinin eskisi kadar idealist olmadığından, toplumdan uzaklaştığından yakınır. Cumhuriyetçi bir aydındır. Her şeye karşın, zaman zaman inkılapların "günaha battığını" da kabul etmektedir. Refik'e siyasal anlamda izlenmesi gereken yol konusunda şu öneride bulunur: "... eğer devlete bir yararınız olsun istiyorsanız, günahları benimseyecek kadar cesur olmalısınız... Doğrusu günah da diyemem onlara... devlet için yapılan hiçbir şey günah sayılmaz." (s.409)

Yaşamının anlam arayışı, "Hayatta nasıl yaşanmalı?" sorusuna verdiği karşılık esas olarak parti politikaları doğrultusunda şekillenmiştir. Zaman zaman siyasal düşüncelerine kaba bir milliyetçiliğin hâkim olduğu görülür. Parti ideolojisine o kadar inanmıştır ki aynı amaç doğrultusunda çevresindeki insanları da etkilemeye, yönlendirmeye çalışır. Bir gruba, kadroya dahil olmanın psikolojik rahatlığı içindedir. Bu yüzden de yaşamını boşu boşuna tüketiyormuş gibi bir endişeye kapılmaz. Düşünsel anlamda da olsa toplum yararına önemli işler yaptığını düşünmektedir. Ticaretle ya da çıkar ilişkileriyle, toplumu bir tarafta bırakarak, tek başına kurtuluş özlemleri içinde değildir. Bu da onu her türlü ruhsal sıkıntı ve bunalıma karşı korumaktadır.

4.Asker Bir Karakter: Ziya
(Nusret'in Oğludur.)

Babasını çocuk yaşta kaybetmiştir. Askeri okula yazılıncaya kadar amcasının -Cevdet Bey'in- yanında kalır. Cevdet Bey de karısı Nigan Hanım gibi yıllarca bu çocukla bir arada bulunmaktan hoşlanmaz. (s.248)

Çocukluk yıllarındaki sevgi, ilgi ve hatta saygı yoksunluğu yüzünden Ziya'nın, yeteri kadar sağlıklı bir kişilik geliştiremediğinden söz edilebilir. Cevdet Bey ailesi, maddi anlamda her ihtiyacını fazlasıyla karşılamış olsa da manevi anlamda ona yeteri kadar anne babalık yapamamıştır. Ziya bu evde fiziksel anlamda olmasa da psikolojik anlamda sürekli itilmiştir. Böyle durumlarda -ana- babadan ya da ana-baba konumundaki kişilerden gelen bu itici tutumlar karşısında-çocuk kendini değersiz kabul eder. "Kendi için olumlu görüşler geliştiremez, öz saygı duygusunu kazanamaz İstenilen davranışı gösterdiğinde ödüllenmeyen ya da desteklenmeyen çocuk, giderek onaylanan ve onaylanmayan davranışlarının ayrımını yapmakta güçlükle karşılaşır. Sonunda umudunu tümden yitiren çocuk, ana-babanın onayını alma çabalarından cayar ve dolayısıyla ana-baba da çocuğun gelişimine rehber olabilmek için gerekli olan denetimi yitirir" (Özdoğan,1988:21-22).

Cevdet Bey'le eşi de Ziya üzerindeki bu denetimi yitirmiş görünmektedir. Bu gibi durumlarda suçlunun çocuk olduğu görüşü tamamen hatalıdır. Sınırlı dünyasında tek dayanağı çocuğun, ana-baba sevgisi olduğundan, ana-baba ve çocuk arasında yaşanan sorunların başlangıcı her zaman ana-baba -ya da bu konumdaki yetişkinler-olacaktır (Geçtan,1997:35). Her şeye rağmen çocuk, bu sevgiyi kaybetmemek için büyük çaba sarf eder ve bu sevgiyi -yıllar da geçse bilinçaltı süreçte- günün birinde alabileceği umudu içinde yaşar. Umudunu tamamen kaybettiği noktada ise ana-babanın beklentilerine karşı gelerek onları protesto eder ve hiç olmazsa bu yolla onların ilgisini üzerine çekmeye çalışır (Geçtan,1997:39). Ziya da bu ilgi gereksinimini sık sık Cevdet Bey'i para konusunda rahatsız ederek gidermek istemektedir.

O gün -yıllar sonra- amcasını ziyarete geldiğinde yüzünde çocuksu bir ürkeklik vardır. Gereksiz bir gurur içinde olduğu görülür. Cevdet Bey'e göre patavatsızın biri olup çıkmıştır. (s.162) Ona artık askerlikten bıktığını ticaretle uğraşmak istediğini açıklar. Bunun için de paraya ihtiyacı vardır. Ancak yardım isteyen biri gibi değil de bir alacaklı gibi davranmaktadır. Parayı aldıktan sonra ne iş yapacağını kendisi de bilmemektedir. (s.163) Tüccarlığı zengin olmanın en kısa ve en kolay yolu olarak görür.

Cevdet Bey'in o günlerde -çocukluk yıllarında- kendine gereken sevgiyi ve şefkati göstermediğini, yatılı bir okula göndererek kendisini başından savdığını düşünmektedir. Yıllar sonra amcasının yanına o günlerin hesabını sormaya gelmiş gibidir. Cevdet Bey'i hayatta en çok değer verdiği ya da verdiğini düşündüğü şeyle; parayla, yani parasını alarak cezalandırmak istemektedir. Çocukluğunda ona yeteri kadar sevgi göstermediğini, gösteremediğini Cevdet Bey de bilmiyor değildir. Bunun için üzgün olsa da artık yapabileceği bir şey kalmamıştır.

Sonunda Cevdet Bey; emekli olduktan sonra ticaretle uğraşmasının daha doğru olacağını söyler. Ziya'nın buna verdiği karşılık şudur: "Bu üniformayı taşımaktan bıktım!"(s.164) Ülkesi için savaşmış, yaralanmış, ölümle burun buruna gelmiş ama artık yorulmuştur. Bir an önce zengin olmak istemektedir. Cevdet Bey bir ara ne kadar para istiyorsa verip kurtulmayı düşünür. Ancak, Ziya giderek daha çok saygısızlaşmıştır. Üstelik sarhoştur, ağzı içki kokmaktadır. Sonunda: "Ama hakkımı istiyorum! Hakkımı almasını bilirim!"(s164) der. Aslında neyin hakkını aradığından, kendisi de tam olarak emin değildir. Hakkım dediği şeye şöyle bir gerekçe bulur: Babasının ölümü yüzünden Cevdet Bey, bir kazanç elde etmiştir. Oysa ortada böyle bir kazanç yoktur. Cevdet Bey şaşırır, bu açıklamaya bir anlam veremez. Gerçekten de Cevdet Bey, Kardeşi Nusret'in ölümü nedeniyle maddi anlamda hiçbir kazanç elde etmemiştir. Aksine, çalışmadığı için sağlığında Nusret'e sürekli para vermek durumunda kalmıştır.

O halde Ziya bu iddiası ile neyi kastetmektedir? Kastedilen şey şu olsa gerektir: Nusret ve Nusret gibilerin, bir anlamda da kendisi gibilerin verdiği mücadele sonucu yeni bir devlet kurulmuş, ancak bu devleti kuranlar, devletin olanaklarından yeterince -Cevdet Bey gibiler kadar- yararlanamamıştır. Cevdet Bey gibiler, savaş yıllarında ülke çıkarlarını değil, daha çok kendi çıkarlarını düşünmüşlerdir. Artık o da bazı zenginler gibi İstanbul'a yerleşerek rahat bir hayat yaşamak istemektedir. Bunun için de hayatını tümden değiştirmeye karar vermiştir. Mesleğini değiştirecek, ticaretle uğraşacak, karısından ayrılacak, sevgilisiyle birlikte yeni bir hayata başlayacaktır.

Cevdet Bey, karısından da ayrılacağını öğrenince şaşırır. Para istemeye gelmiş olmasının bir nedeni olarak da bu durumu görür ve ilgilenir. Ziya ise bu ilginin gereksiz olduğuna inanmaktadır. Ona: "Ailemle, karımla ilgilendiğinizi hiç sanmıyorum." (...) "İlgilenseydiniz ben cephedeyken ona biraz yardım ederdiniz."(s.165) der. Cevdet Bey: "Etmedim mi? Allah var, etmedim mi?" diye sorunca, "Etmediniz! Başınızdan savmak için verdiğiniz üç-beş kuruş hariç tabii."(s.165) diye karşılık verir. Söz çocukluk yıllarından açılınca Cevdet Bey'e şunları söyler: "... Beni niye onlar gibi (Osman, Refik ve Ayşe gibi) Galatasaray'a yollamadınız peki o zaman? Ben de pekâlâ o beyzadelerin okuluna gidebilirdim! Askeri okula sepetlediniz beni!" İstediği parayı koparamayacağını anlayınca tehditler yağdırmaya başlar. Bu işin peşini bırakmayacak, amcasının ardı sıra hayalet gibi dolaşacaktır. Bu tehdit karşısında Cevdet Bey çok sinirlenir ve onu odasından kovar.

Bir süre sonra Cevdet Bey ölür. Ziya bu hakkını unutmamıştır. Bayramlarda kart göndererek bu kez aynı borcu; hakkım dediği parayı Cevdet Bey'in oğullarından ister. Bir gün gittiği bir davette Refik'le karşılaşır. Ona, ordunun her şey olduğunu, hakkını eninde sonunda alacağını söyler. (s.392) Ordu halktan o ise alacağını Cevdet Bey'den istemektedir. Bu hak verilmezse, zorla da olsa alınacaktır. Bir asker olarak, Cevdet Bey gibilere, devletten çok kendi çıkarlarını düşündükleri için değil, daha çok onlar kadar zengin olup rahat bir hayat yaşayamadığı için öfkelidir.

Onun da hayatı aslında "Hayatta nasıl yaşanmalı?" sorusu etrafında döner. Elinden başka bir iş gelmediği için askerlik mesleğini sürdürmektedir. Davranışlarıyla esas olarak "Hayatta nasıl yaşanmalı?" sorusuna, ticaret yaparak yaşanmalı, şeklinde bir karşılık vermektedir.

Sağlam bir ego bütünlüğü içinde bulunmak, savunma mekanizmalarını sağlıklı bir şekilde kullanabilmek çocuğun yetiştirilme koşullarıyla yakından ilgilidir. Varoluşçu bir kavrayışla düşünecek olursak stres -zararlı bir virüs gibi- yaşamımıza sonradan eklenmez; bütün yaşamımız boyunca bizimledir. Savunma mekanizmalarının yetersiz olduğu durumlarda yani, direnç düştüğünde, bu virüsler -yani stres- açığa çıkar. Stresin yarattığı gerilim bu noktada bireyin baş edemeyeceği bir düzeye ulaşır. Varoluşçu yaklaşıma göre bu direnç düşüklüğüne neden olan şey bazen işsiz kalma, boşanma, çok sevilen birinin fiziksel kaybı vb. nedenlerdir (Yalom,2000:23-47). Bu bağlamda ele aldığımızda, Ziya da eşinden ayrılarak yaşamına yeni bir yön vermek istemektedir.

Tillicih'in ifadesiyle" İnsanın varlığı ona yalnızca verilmemiş, ondan talep de edilmiştir. Kişi varlığından sorumludur; eğer sorulursa, kendisinden ne meydana getirdiği sorusuna yanıt vermesi istenir" (Yalom,2000:439). Asker oluşundan hoşnut görünmeyen Ziya'nın bu soruya verdiği yanıt bu kez de tüccar olmayı istediği yönündedir. Bunu kendini yaşamak, yeni bir anlam içinde var etmek için mi istemektir? Hayır. Bütün amacı zengin olmak, maddi anlamda daha rahat bir hayat yaşamaktır. Bu açıdan değerlendirildiğinde içinde bulunduğu varoluşsal kaygıların yanlış bir merkeze yöneldiği söylenebilir.

İnsanı yeni bir anlam arayışına iten şey esas olarak varoluşsal suçluktur. May, varoluşsal suçluluğu "...bir şeyin ne olduğuyla ne olması gerektiği arasındaki farkın algılanışı" (Yalom,2000:441) olarak tarif eder. "Bu nedenle varoluşsal suçluluk (anksiyete gibi) akıl sağlığı için uygun, hatta gereklidir" (Yalom,2000:441). "İnsan potansiyellerini inkâr ettiğinde, onları yerine getiremediğinde içinde bulunduğu durum suçluluktur" (Yalom,2000:441). Her insan dünyaya bir kapasiteyle, bir potansiyelle gelir. Başlangıçta kendinin de farkında olduğu bu potansiyeli doğrultusunda hayatını yaşayamayan her insan, yaşamının bir döneminde yoğun olarak kendini suçlu hisseder. Psikanalitik yaklaşımın önde gelen isimlerinden olan Karen Horney, elverişli şartlar altında doğuştan getirilen bu potansiyelin, tıpkı bir meşe ağacındaki palamudun gelişmesi gibi, doğal olarak gelişeceğini öne sürer. Bunun yaşanamaması durumunda ortaya çıkan şey psikopatolojidir. Varoluşsal anlamda ele aldığımız da ise bu patolojinin izlerini taşıyan duygu varoluşsal suçluluktur (Yalom,2000:442).

Ziya, amcasının denetimi altındaki yaşamının, var olan potansiyelleri doğrultusunda yeteri kadar iyi yönlendirilemediği inancı içindedir. Birçok bakımdan- varoluşsal itkinin de etkisiyle-yaşamından, eşinden, mesleğinden hoşnut olmadığı anlaşılmaktadır. Bu da onun varoluşsal anlamda kendini suçlu hissetmesine neden olur. Kötü çocukluk deneyimleri nedeniyle potansiyel benlik görüşünü kaybetmiştir. Bu yüzden de varoluşun çalkantılı sularında hangi yöne gideceğini bilemeden çırpınıp durmaktadır.

5.Alman Bir Karakter: Herr Rudolph
    (Refik'le Ömer'in mühendis arkadaşıdır.)
    Doğulu ve Batılı birey, toplum, kültür tartışmalarının odağında Herr Rudolph bulunur. Ömer'le birlikte, bir demir yolu inşaatında mühendis olarak çalışmaktadır. Bir Alman olarak Hitler gibi bir politikacının Almanya'da yönetime gelmiş olmasından utanç duyar. Bu yüzden bir daha Almanya'ya dönmemeyi düşünür. General olan babasından ve Alman dar kafalılığından hoşlanmamaktadır. İyi para kazandığı için şimdilik Türkiye'de bulunmaktan hoşnuttur. Gelecekte ise Amerika'da yaşamaya kararlıdır. Ömer: "Peki niye burada

kalmıyorsunuz?" diye sorunca, "Çünkü bu memleket bana göre değil,"(s.297) der. Çocukluğundan beri Doğu kültüründen hoşlanmadığından söz eder. Doğulu insan ruhunu kendi ruhuna uzak bulur. Kültürlü insanların Doğu ile uzlaşamayacağı inancı içindedir.

Bu durumda akıllara şöyle bir soru gelmektedir: Doğu toplumları akılsız mıdır? Bu yüzden mi kültürle uzlaşamamaktadırlar? Sartre (1994:91)'ın ifadesiyle "Akıl insanlar arasında en adaletli dağıtılmış bir değerli maldır, o herkesin ve hiç kimsenindir, çünkü herkeste -yani bütün toplumlarda, ırklarda- eşit olarak vardır." Sözü edilen bu ruhsal uyuşmazlık nedir o halde? Sorunun bu şekilde; yani yalnızca ruhsal uyuşmazlık temelinde ele alınması: "Siz Doğulusunuz, değişmez, değişemezsiniz." anlayışını da beraberinde getireceği için sosyolojik olduğu kadar psikolojik gerçeklerle de bağdaşmamaktadır. Rudolph'un ancak 'kültürle zehirlenmiş' ruhuyla uyumlu gördüğü Batı kültürü de esas olarak bu anlayıştan uzaktır. Voltaire'in Kandid'i buna iyi bir örnek olarak gösterilebilir. Voltaire (1994:246), Kandid ve İyimserlik adlı yapıtında, yaşamın anlamını keşfedebilmek için bütün dünyayı dolaşan Kandid adında Batılı bir gezginden söz eder. Başlangıçta, insan için olabilecek dünyaların en iyisinde yaşadığımızı düşünen gezgin, giderek dünyanın hiç de öyle sandığı gibi bir yer olmadığını görür. Gittiği her yerde insanların acı çekmekte olduğunu fark eder. Dünya acımasızdır ve insanlar her yerde birbirine kötülük yapmaktadır. Her şeyin bu derece bozuk olduğu bir ortamda insan nasıl yaşayacaktır? Son çare olarak İstanbul'da bir Türk köylüsüne "Peki ne yapmalı öyleyse?" diye sorar gezgin. Köylü çalışmanın maddi ve manevi açıdan insana sağladığı yararlardan söz eder. Kandid artık aradığı yanıtı bulmuştur; köylünün yaşamından ve sözlerinden çıkardığı dersi şu cümleyle özetler: "Bunlar güzel sözler, ama bahçemizi de yetiştirmemiz gerek!" Bu dersi veren kişi sıradan bir köylüdür. Dahası Doğuludur. Voltaire'in diliyle üç yüz yıla yakın bir zamandır bütün insanlığa bir mesaj iletmektedir. Bu Doğulu ruh Voltaire'in ruhuyla uzlaşmıştır. Zaten Voltaire de esas olarak insanı, hiç bozulmayan hep aynı kalan ve her zaman iyiden, güzelden, doğrudan yana olan ruhları yoluyla keşfetmiştir. İnsan, yaşadığı ortam yüzünden belki kafaca kirlenebilir ancak, ruhunun derinliklerinde her zaman temiz kalır. Bu yüzden Herr Rudolph'un Doğulu insan kavrayışı Batı kültürüne özgü değil, olsa olsa ancak Hitler faşizmine özgü bir anlayış olabilir. İçinde Voltaire gibi isimlerin de yer aldığı Avrupa kültürünün değil de, hükümetler düzeyindeki Batılı politik erklerin, öteden beri Doğu toplumlarına yönelik bakışı da esas olarak bu doğrultudadır. Zelinski (1978:19), Batı'nın bu konudaki tutumunu şu sözlerle dile getirir: "Bazı toplumların (bilmem hangi biyolojik üstünlük yüzünden) kültürde önemli sıçramalar meydana getiren dehalar yetiştirmekte ayrıcalık sahibi oldukları, buna karşılık, başka ulusların da, doğanın anlaşılmaz kaprisi yüzünden bu "ihsan"dan yoksun kalarak üstün bir fikir hayatına erişmekte aciz oldukları yolundaki saçma teorilerini biliyoruz. Hitlerciler Yahudiler hakkında, Amerikalı ırkçılar da Zenciler hakkında böyle düşünüyorlardı." Rudolph'a göre de Doğu'nun ruhu, tıpkı ışıktan rahatsız olan bir yarasa gibi, bilimle, aydınlıkla uyuşamamaktadır.

Amacımız bu bilgiler ışığında Rudolph'un bilimsel bilgi birikimini eleştirmek değil, aydın bir insan olarak kendinden olmayanlara karşı nasıl bir anlayış ve davranış özelliği içinde olduğunu ortaya koymaktır. Türkiye'de olup biten her şeyden nefret eder çünkü önyargılıdır. Kimi düşüncelerinde haklı bile görünse gerçekte Rudolph'un Batılı anlayışta biri olduğunu söylemek oldukça güçtür. Kendi kavrayışıyla ele aldığımızda Doğulu dediği kimlik aslında tam da kendi kimliğidir. Doğuludur çünkü, -eğer Doğululuk onun kavradığı gibiyse- kendi hayatından başka kimseninkini düşünmemektedir. Türk toplumunu -ruhi yapısından dolayı(!) -bir gelişemezlik konumuna indirger. Hiçbir zaman dayanışmacı, bir arada var olmanın olanaklarını geliştirici bir tutum içinde değildir. Ne kendi ülkesi ne Türkiye ne de başka bir ülke için bir şey yapmak istemektedir. Değil Doğunun gelişmesi için, Hitler yönetimi altına giren kendi ülkesi için bile mücadele etmeyi düşünmez.

Bundan sonra Amerika'ya gidecek ve orada daha iyi bir hayat yaşayacaktır. Çünkü o, bir mantık adamıdır, kendini duygulardan arındırmıştır. Son derece bireyci bir hayat anlayışı vardır. Bu tutum, aynı zamanda, "Hayatta nasıl yaşanmalı?" sorusuna, kendini nerede rahat hissediyorsan orada yaşamalısın şeklinde verilmiş bireyci bir yanıttır. Bu Batılı ruhuyla (!) yalnızca olanakları kısıtlı insanlara acımakta, onları kurtuluş şansları olmayan zavallılar olarak görmektedir. Oysa insanı özgürlüğe götürecek, daha anlamlı yaşamasını olanaklı kılacak görüş, bu türden kavrayışların çok ötesindedir. Özgürlük için, daha anlamlı bir hayat için yapılması gereken şey Kant'ın şu sözlerinde ifadesini bulur: "... Öyle bir biçimde hareket et ki, bundan böyle bu hareketin evrensel düzeyde insanlığa yararlı olsun." ya da "... öyle biçimde bu hareketini belirle ki, bu aynı zamanda başkaları için de evrensel düzeyde bir ölçü olsun" (Yenişehirlioğlu:46).

III.KADIN KARAKTERLER

Roman'ın temel sorusu olan 'Hayatta ne yapılmalı?" sorunu, kadın sorunu olmaktan uzaktır. Bu konu tamamen erkekleri ilgilendirmektedir. Genelde kadınlar, kendilerine sunulmuş olanaklar içinde yaşayan, hayatı düşünsel anlamda sorgulamayan, oldukça basit bir hayat anlamı içinde yaşayan sıradan tiplerdir. Bu kalıba uymayan tek ismin, İlknur olduğu söylenebilir. Üçüncü bölümde İlknur, üniversite eğitimi almış, kültürlü, kararlı, dengeli bir tip olarak karşımıza çıkar. Ancak, yaşamı "Hayatta ne yapılmalı?" sorusunun girdabına -erkek yaşamlarında olduğu gibi- hiçbir zaman takılmamaktadır. Cevdet Bey'in karısı Nigan Hanım, romanın en önemli kadın karakteridir. Birinci bölümde adı geçen ilk kadınsa, tiyatro sanatçısı Matmazel Çuhacıyan; yani Mari'dir.

1.Mari

(Nusret'in sevgilisidir.)

Mari, yalnızca birinci bölümde, Nusret'in sevgilisi olarak karşımıza çıkar. Hastalığı süresince Nusret'in başında bekler. Ermeni kökenlidir. Nusret'le, Cevdet Bey'den daha çok o ilgilenir. Evli olmadıkları halde, 1905 yılı İstanbul'unda sevgilisiyle bir pansiyonda kalır. Bu da onun, o dönem kadınlarına göre, ne kadar farklı olduğunu göstermektedir. Gerçi Hristiyan'dır ancak, bu tutumuyla, Müslüman Türk kadının ötesinde, özgür bir kadındır. İçinde bulunduğu toplumun kadın erkek ilişkileri konusundaki değer yargılarının çok ötesine geçmiştir. O yıllarda Osmanlı kültürü içinde yaşayan Hıristiyan azınlık, sosyal yaşantı bakımından Doğu kültür anlayışından ne kadar ilerde olsa da, kadın erkek ilişkisi konusunda bu derece özgür olmasa gerektir. Mari, bu davranışıyla kendi toplumunun değer yargılarını bile zorlamaktadır. Veremli, sarhoş, beş parasız, ağır hasta bir adama bir sevgili, aynı zamanda da bir anne koruyuculuğu içinde bağlıdır. Nusret'le yaşıyor olmaktan dolayı maddi hiçbir çıkarı yoktur. Hayatını daha çok duygularının sesine kulak vererek yaşamaktadır.

Mari'nin bu özverili hayatı, birinci bölümün sayfaları arasında kaybolup gider. Romanda ona verilen rol küçük bir figüran rolüdür. 'Hayatta ne yapılmalı?" sorusu, belki de bir kadın olduğu için, ona uygun görülmemiştir.

2.Nigan Hanım

(Cevdet Bey'in eşidir.)

Nigan Hanım romanın en önemli kadın karakteridir. Kurulu toplumsal düzen içinde nasıl yaşanması gerekiyorsa, hiç düşünmeden öyle yaşar. Zamanı gelince ailesinin isteği ile evlenir. O dönemin anlayışı ölçüsünde iyi bir eş olur. Esas olarak hayatı olmuş bitmiş, değişmez bir yapı olarak algılamaktadır. O güne kadar ne görmüşse onunla yetinir. Kendini var etmek, bireyselleşmek için hiçbir zaman çaba göstermez. Çünkü, geleneksel toplumlarda özellikle de bir kadın için, böyle bir çaba içinde olmak son derece güçtür. Ayrıca, "Her toplum, kendi yaşam uygulayımı ile duygu ve algılar arasında bağlantı kurma biçimi ile bilinçlilik biçimlerini belirleyen bir dizge ya da kategoriler kurar. Bu dizge, toplumsal bakımdan ayarlanmış bir süzgeç gibi çalışır. Bu süzgeçten geçemeyen bir yaşantı bilinçlilik kazanamaz" (Fromm,1984:1345). Nigan Hanım'ın yaşam algısı da bu toplumsal süzgecin ötesine geçememektedir. Yaşı ilerledikçe bazı konulardaki toplumsal dönüşümleri benimsemekte güçlük çeker.

Çeyizindeki bazı eşyaları -yaşlandığı halde- o güne kadar hiç kullanmamıştır. Hiç el sürmediği bu eşyaları ne zaman kullanacağı kaygısına kapılır ve bir an önce hepsini kullanıp tüketmek ister. Başkaları için eşya saklama ve kullanma konusundaki kültürel anlayışın anlamsız olduğuna mı inanmaya başlamıştır? Hayır... Asıl neden yaklaşan ölüm gerçeğidir. Son derece düşük seviyede de olsa aslında bu bir varoluştur; varoluşun başkaları için saklanan, hiç kullanılmamış eşyalar arasından açığa çıkışıdır. Kimi anneler ileri yaşta; çocukları büyüdükten sonra, varoluşsal bir boşluğa düşer. Çünkü o ana kadar anlamlı buldukları tek şey çocuk büyütmek olmuştur. Yaşın ilerlemesi, çocukların büyümesi; yani anlamın ortadan kalkmasıyla katlanılması güç bir durum ortaya çıkar (Dökmen,2000:158-159). Bu durum Nigan Hanım için de geçerlidir. Artık o hiçbir zaman hayatını yaşamayacak yalnızca çocuklarının yaşamının bir yerinde bulunacaktır; yani varoluşsal ifadeyle "düşmüş" bir halde yaşayacaktır. Heidegger'in de ifade ettiği gibi toplumda öyle insanlar vardır ki bütün hayatlarını başkalarının şekillendirmesine izin verir ve nasıl olursa olsun kendi iradeleriyle özgür bir seçmede bulunmaz, bulunamazlar. Jaspers ve Heidegger kadar Sartre için de kendini seçebilenler, yeniden yaratabilenler, varoluşlarına benimdir diyerek sahip çıkabilenler gerçekten var olabilirler (Foulquie,1995:54).

Erkek dünyasının 'kesin ve aşılmaz' bir çizgiyle kadın dünyasından ayrıldığını düşünmektedir. (s.102) Dünya sorunları hakkında hemen hemen hiçbir fikri yoktur. Savaş gibi konuları erkek tartışma konuları olarak görür. (s.102) Ona göre, böyle ortamlarda, yani erkeklerin savaş gibi konuları tartıştığı ortamlarda, "...erkekler daha erkek, kadınlar da sanki bir vazo..."(s.103) olmaktadır. Kadından kadına yönelik olan bu bakış açısı bugün bile toplumumuzda tam olarak silinmiş değildir. Herkesi ilgilendirmesi gereken kimi toplumsal konular, günümüzde de halen yaygın olarak erkek konuları olarak değerlendirilmektedir. Nigan Hanım'ın gözünde bir 'vazo' konumunda değerlendirilmesi kadının, burjuva geleneği içinde, bir süs aracı olarak görüldüğünü -bunun arka planın da ise- ezildiğini, küçümsendiğini sembolize etmektedir. Kadına yönelik bu bakış açısı günümüzde gelişmiş ülkelerde de tümden silinmemiştir. "Kadın haklarının en ileri olduğu ülkelerde bile kadınların seçimlerde kadın adaylara oy vermeyişleri bu geleneğin -geçmişten bugüne süregelen 'vazo' görüşünün- kalıntısıdır. Başka bir deyimle kadın da kendi cinsine pek değer vermemektedir" (Yörükoğlu,1984:52).

Cevdet Bey sağlığını hiçe sayarak sigara içtiği için gözyaşı döker. Bu yolla, vicdanını sızlatarak, kocası üzerinde etkili olmaya çalışır. Tıpkı, isteklerini ağlayarak, duygu sömürüsü yaparak kabul ettirmeye çalışan bir çocuk gibi davranmaktadır. Dökmen (1998:205)'in de ifade ettiği gibi "Çocuk" ve "Ana baba" rolleri toplumumuzda yaygın olarak kullanılmaktadır. "Çocuk ana baba rolündeki kişiler, yaşamlarında yalnızca bu iki (çocuk ve ana baba) kişisel rolü sergilerler; eğer karşısındaki kişi Çocuk rolünde ise ana baba tavrı, eğer Ana baba rolünde ise Çocuk tavrı takınırlar." Aile bireyleriyle olan ilişkilerinde sürekli bu iki rol arasında gidip gelen Nigan Hanım, genellikle "Yetişkin" rolünden uzak biri olarak karşımıza çıkar. Benlik durumlarını dengeli bir şekilde kullanamaz. Yaşamı önce babasının, sonra kocasının, sonra da çocuklarının etkisi altında şekillenir. Bireyin kendini yetişkin rolünde hissedebilmesi, öncelikle bireyselleşmeyi gerekli kıldığından, bireyselleşmenin önemsenmediği, hatta engellendiği geleneksel toplumlarda bu rolün yaşanabilmesi oldukça güçtür. "Bireyselleşmiş kişilerin Batı ülkelerinde daha çok, bazı ülkelerde örneğin bizim ülkemizde ya da Uzak Doğu ülkelerinde ise daha az sayıda bulunduğu düşünülebilir" (Dökmen,1998:207). Anlam ve amaç arayışı, genel anlamda toplumsal yapıyla, özel anlamda ise bireyin içinde bulunduğu sosyoekonomik ve kültürel çevreyle de ilgilidir. Bu iki koşulun olumsuzluğu nedeniyle Nigan Hanım yaşamını kendi bireyselliği temelinde yaşayamaz. Benimsediği kadın kimliği konusunda yaşamına yön gösteren önemli bir öge de dindir. Dini görüşlerin yaygın olarak ve abartılarak kabul gördüğü toplumlarda, eğitim ve aile yapıları demokratik anlamdaki özgürleşme çabalarına engel olur. Yanlış da olsa bir takım toplumsal değer yargıları içselleştirilir. Bunun sonucu olarak da birey kendi 'ben'ini kaybeder, onun yerine montajı toplumca yapılmış, yanlış bir benlik ve rol tanımı geliştirir. Enerjisini, kendini var etmek için değil, her alanda toplum dışı kalmamak için kullanır. Toplumsal öğretilerin dışında yeni anlayışlar, yaşantılar olabileceğini göremez. Toplumsal yapıdan tamamen kopuk olmamakla birlikte özgün bir anlam arayışı içinde olmak ancak, düşünen, sorgulayan, var olanla yetinmeyen, sürekli kendini geliştirmek isteyen bireyselleşmiş ya da bireyselleşme çabası içinde olan kişiler için söz konusudur. "İnsan varlığının bilinçlenmesi veya belli bir bilinç düzeyine erişmesi kendiliğinden olan basit bir olgu değildir. Köklü bir eğitim ve öğretimle ilgilidir. Bu da usla varılan özgürlüğü ve onun birey ve toplum yaşamına yerleşmesini gerektirir" (Yenişehirlioğlu:27).

Dini değerleri önemsemekle birlikte hiçbir zaman yobaz bir kadın olmamıştır. Hatta o dönemin ortalama kadın modeliyle karşılaştırıldığında birçok bakımdan ileri düzeyde modernleşmiş olduğu bile söylenebilir. Elinden geldiğince Cumhuriyet değerlerine ve ideallerine uygun yaşamaya çalışır. Kızını, piyano da çalabilen, Avrupa kültürüyle uyumlu biri olarak görmek ister. Kişiliğinin bir yönü, Osmanlı kültüründen, bir yönü ise Cumhuriyet değerlerinden etkilenmektedir. Esas olarak dine değil, daha çok, kökten dinci bir yaşam anlayışına karşı görünür.

3.Perihan ve Nermin

(Perihan Refik'in, Nermin'se Osman'ın eşidir.)

İkisinin de bütün zamanları eş, çocuk, akraba ve arkadaş çevresinde geçer. "Hayatta ne yapılmalı?", "Nasıl yaşanmalı?" gibi düşünsel sorunlarla ilgilenmezler. Sohbet konuları, bir gün boyunca neler yapıp ettikleridir. Gazete okuyarak, özellikle Perihan, dünya ve ülke sorunları hakkında bilgi sahibi olmaya çalışır. Ancak, genel anlamda siyaset, savaş, ekonomi gibi "sıkıcı konular"dan her ikisi de uzak durmaktadır. Çünkü bunlar, erkek konularıdır. Onlar eştir, annedir, gelindir. Toplumu etkileyen ve toplumdan etkilenen bir birey olduklarını düşünmezler. Kendilerine uygun görülmüş toplumsal roller içinde yalnızca kendi hayatlarını yaşarlar. Ya da yaşadıklarını sanırlar. Eğitim düzeyleri nedir? Bir cümleyle yalnızca Perihan'ın babasının doktor olduğundan söz edilir. (s.356) Hangi okulları okumuş, nerelerden mezun olmuşlardır? Bu soruların yanıtı romanda yoktur. Yalnızca, okur-yazar oldukları, iyi bir aileden geldikleri anlaşılmaktadır. Okur-yazar olmaları bile, o günün koşulları içinde ele aldığımızda, bir kadın için önemli bir ayrıcalık sayılabilir. Kısaca ailede herkes, Nigan Hanım da dahil olmak üzere, az ya da çok eğitimlidir. Romanın da konusu olan 1935 yılında yapılan bir araştırmaya göre, genel nüfus içinde okur-yazar olmayanların oranı kadınlarda yüzde 89,5, erkekler de ise 68.9'dur. Toplam oransa; 79.6'dır (F. Gürses ve H.S. Gürses,1997:305). Işıkçı ailesinin eğitim durumu bu bakımdan önemlidir. Aile, en azından, okur-yazarlık bakımından -ki bunların içinde üniversite bitirenler de vardır- toplumun hemen hemen %20'lik kesimi arasında yer almaktadır.

Perihan'ın evliliği içerik olarak Nermin'in evliliğinden daha düzeyli olsa da, daha dayanaksızdır. Refik'in varoluşsal sorunları yüzünden karı-koca zaman zaman ciddi sarsıntılar geçirir. Refik, görünürde, sudan bir gerekçeyle evi terk edince, Perihan bir ara çocuklarıyla birlikte babasının evine dönmeyi düşünür ama, yapamaz; biraz daha beklemeye karar verir. Bir süre sonra kocasından birkaç mektup alır.

Bunun üzerine babaevine gitme düşüncesinden vazgeçer. Dönem dönem ilişkilerinin düzeleceği umuduna kapılsa da her defasında bu umutları boşa çıkar. Eşi Refik, o dönemin ölçülerine göre birçok aile babasından farklıdır. Bu da Perihan'ı çaresiz bırakır.

Nermin'in evlilik sorunlarıysa, Perihan'ın evlilik sorunlarına hiç benzememektedir. Çünkü "Hayatta ne yapılmalıdır?" sorusu Osman'ı Refik'i ilgilendirdiği kadar ilgilendirmemektedir. Nermin, yaşadığı hayattan esas olarak hoşnuttur. Evin her işini hizmetçiler yapmakta, o da ömrünü dayalı döşeli lüks bir evde kocasını bekleyerek geçirmektedir. Hayattan beklediği en önemli şey, kocasının sadakati ve aile bütünlüğünün devamıdır. Ancak Osman, özellikle sadakat konusunda hiç de güvenilir bir eş değildir. O da çözümü kocasını aynı şekilde aldatmakta görür. Sonuçta o da bir Osman olur, yani kocasına benzer. Bu şekilde kendini rahatlatmaya çalışır. Her ikisi de bu yönleriyle "düşmüş" durumdadır. Eğitim düzeyi, yaşam anlayışı ya da hayat tarzı bakımından karı-koca aynı seviyededir.

Aynı düşmüş hayat tarzı Perihan için de söz konusudur. Refik varoluşu unutma durumundan kurtulma çabası içinde olduğundan, karısının bu düşmüş durumuna, Osman'ın karısıyla olan ilişkisinde olduğu kadar, uyum sağlayamaz. Çünkü bu tarz bir uyum bireyin kendini yeniden yaratma, var etme amaçlarına ters düşeceğinden varoluşun iletişim süzgeci aracılığıyla devre dışı bırakılır. Osman'la eşinin arasında ise varoluşsal anlamda böyle bir süzgeç bulunmamaktadır.

Perihan bir kadının -Nermin'in- dışarda başka bir erkekle gezmesini, sonra da hiçbir şey olmamış gibi kocasının yanına; evine dönmesini anlayamamakta, bunu ahlak dışı bir davranış olarak değerlendirmektedir. Aynı şeyi Osman'ın da karısına yaptığını öğrenince bu kez bu düşüncesini değiştirir; Nermin'e hak vermeye başlar. Bu aile ortamı artık onu rahatsız etmektedir. Kendini kirleniyormuş gibi hisseder. Rahatsızlık duyduğu bir diğer konu da Nermin'in gülümseyişidir. Bu gülümseyiş ona şöyle demektedir: "Ben senin anlayamayacağın kadar özgür bir kadınım. Sen ise böyle şeylerden yalnızca korkar ve uslu uslu kocanı beklersin..."(s.358)

Sonuç olarak Perihan, daha fazla dayanamayarak evi terk eder. Osman'la Nermin'se birlikte yaşlanır.

4.Ayşe

(Cevdet Bey'in kızıdır.)

Ayşe'nin yaşamı da bir bakıma yengelerinin yaşamına benzemektedir. O da romanın diğer kadınları gibi hayatın anlamı konusunda kafa yormaz. Bütün yaşamına aile büyükleri yön verir. Müzik eğitimi sırasında Cezmi adında kemancı bir gençle tanışır. Ancak annesiyle, ağabeyi Osman bu ilişkiye karşıdır.

Cezmi de romanın diğer erkek karakterleri gibi "Hayatta ne yapılmalı?" sorusuna bir yanıt bulmaya çalışmaktadır. Ona göre, inkılaplara sahip çıkılmalı, zengin yoksul herkes el ele verip ekonomik ve kültürel anlamda ülkeyi kalkındırmaya çalışmalıdır. Ayşe ise bu tür konulara karşı ilgisizdir. (s.290)

Cezmi'yle duygusal bir arkadaşlığının olamayacağını kendisi de sezmiş gibidir. Bu nedenle de İsviçre'ye gönderilme kararına fazla bir itirazı olmaz. Ailesinin de isteği ile bir süre için yurt dışına çıkar ve bu ilişkisini bitirir. Döndüğünde on dokuz yaşındadır. Daha sonra, yine aile kararı gereğince, Remzi adında tüccar bir ailenin oğluyla nişanlanır. Osman da Nigan Hanım da artık mutludur. Aynı mutluluk Ayşe'de de görülür.

5.Nazlı

(Ömer'in nişanlısıdır.)

Bir milletvekili kızıdır. "Yenilikler, inkılaplar için savaşan bir öncünün kızı"(s.370) olmaktan dolayı kendini mutlu hisseder. Perihan'dan da, Nermin'den de, Ayşe'den de daha kültürlüdür. Bir başkasına öğretebilecek kadar İngilizce bilir. Kitap okur. Cumhuriyetin kazanımlarını yalnızca yaşantısal olarak değil, düşünsel olarak da benimsemiş görünür. Bu ülkede kadın olmanın güçlüklerinden söz eden Ömer'e: " O kadar da değil. Sonra insan bu sınırları zorlayabilir." (s.138) der.

Bir mektupla, bir süre sonra Ömer, onunla evlenmek istediğini bildirir. Nazlı mektubu okuyunca heyecanlanır. "Akıllı, hırslı, girgin, yakışıklı..." bir sevgilisi, eşi olacağı için sevinir. Ailesinin de onu kendisi kadar beğenmesini ister. Geleceğe ilişkin projelerini yeniden gözden geçirir. "Okula da gitmem artık!"(s.155) diye düşünmeye başlar. Ömer'in kendisine iyi bir hayat yaşatacağı inancı içindedir. Cumhuriyet kızı birdenbire eğitim öğretimden vazgeçmiş evinin kadını olmaya karar vermiştir.

Ona göre erkek, kadın için daima güçlü ve koruyucu olmalıdır. Evlenmek için neden Ömer'i Seçmiştir? Çünkü Ömer artık zengindir. Böyle düşününce "kıpkırmızı" olur. Birden Cumhuriyet'in de, kendinin de günaha iyice gömülmüş olduğuna karar verir. (s.371) Erkeği, dayanışarak yaşayacağı biri değil de daha çok dayanarak yaşayacağı biri olarak görür. Evlilik dışında, toplum yararına hiçbir projesi yoktur. Hayattan tek beklentisi sıcak bir aile yuvasıdır. Ömer'in böyle bir mutlulukla yetinmeyeceğini düşünerek korkar. Kendi kendine, "Onu zehirleyen nedir?" diye sorar. Zehirden kastedilen şey esas olarak kültürdür.

Kısaca Nazlı'nın, "Hayatta ne yapılmalı?" sorusuna verebileceği bir yanıtı yoktur. Verebileceği tek yanıt belki de şu olabilir: Kültürlü, zengin, yakışıklı biriyle evlenilmeli, sıcak bir aile yuvası kurulmalı...

6.İlknur

(Cevdet Bey'in torunu Ahmet'in sevgilisidir.)

Ahmet'in sevgilisidir. Kültürlü, üniversite mezunu, yurt dışında doktora yapmayı düşünen genç bir kızdır. Ahmet'e birçok bakımdan rehberlik eder. Yaşamına ve kişiliğine ilişkin psikolojik açıklamalarda bulunur. Kimi konularda oldukça iyi düzeyde bilgi sahibi olduğu görülür. Hayatta ne yapılmalı? sorunu daha çok Ahmet'in sorunudur. O ne yapacağını, nasıl yaşayacağını ya çok iyi bilmekte ya da böyle bir şeyi hiç düşünmemektedir.

İlknur da esas olarak "Hayatta nasıl yaşanmalı" sorusunun dışında bırakılmıştır denebilir. Daha önceki kadın karakterlerden farklı olarak o, birçok konuda daha üst düzey bilgiye sahiptir. Asıl amacı yurt dışına çıkıp biraz daha okumaktır. Diğer kadınlar gibi çabucak evlenip, çoluk çocuğa karışmayı düşünmemektedir. Ruhsal ve düşünsel anlamda Ahmet'le karşılaştırıldığında oldukça dengeli görünür. "Hayatta nasıl yaşanmalı?" sorusu insan yaşamında varılması gereken bir noktaysa o, bu noktayı aşmıştır. Erkek sorunu olan bu ağır silindirin yakıcı sarmalından böylece o da uzaklaştırılmış olur.

ÜÇÜNCÜ BÖLÜM

1. Toplumsal İlgi Çerçevesinde Roman Karakterlerinin Anlam Arayışı Sorunu

Romandan elde ettiğimiz bilgiler ışığında bakıldığında da anlam arayışı sorununun toplumların sosyoekonomik ve sosyokültürel yapısıyla yakından ilgili olduğu görülmektedir. Üç ayrı bölümde yaşanan olayları ve bu bölümlere konu olan karakterleri birbiriyle kıyasladığımızda bunu açıkça görmek mümkündür.

Karakterlerin çoğunda ortak olan öğe "yarına kalma çabası"dır. Bu amaç doğrultusunda Nusret siyasetle, Cevdet Bey, Ömer ve Osman ticaretle, Refik toplumsal tasarılar geliştirmekle, Muhittin şiirle, Ahmet resimle uğraşır.

İlk bölüme ilişkin anlam sorunu, daha çok kalkınma, gelişme, ticaret yapma, kitlelerde siyasal bilinç uyandırma, Batılılaşma, yeni değerler yaratma, ülkenin sosyoekonomik, sosyokültürel ve siyasal kurtuluşuna hizmet etme gibi konular etrafında şekillenir. Bu sürecin nasıl yaşandığı ise her karakterin kişilik özelliklerine göre farklılaşmaktadır. Birinci bölümün kimi konuları ikinci bölümde tekrar karşımıza çıkar. Son bölümde ise, esas olarak topluma daha yararlı olabilmek için sanat mı, siyaset mi tartışması yapılır. Anlam arayışı sorunu her karakterin kişilik özelliğine göre, bütün bu sorunların içinden süzülerek şekillenmektedir.

Anlam arayışı sorunu son derece çalkantılı bir süreç olarak karşımıza çıkmaktadır. En çok da yaşamlarının anlamını toplumsal kalkınmada, eşitlikte, sanatta ve siyasette arayan karakterlerin yaşamında... Buna yol açan en önemli neden; sanatsal ve toplumsal konular ve sorunlar üzerinden bir anlam arayışı içine girmenin, özel yaşama maddi ve manevi açıdan yük getirmesi, oldukça fedakârlık isteyen ve bir o kadar da zaman alıcı uğraşlar olması olsa gerektir.

Bu bağlam içinde değerlendirdiğimizde, Refik'in özel yaşamında neden bu derece başarısız olduğu daha iyi anlaşılacaktır. Toplum çıkarlarıyla özel yaşamın çıkarları arasında sağlıklı bir dengenin kurulamaması durumunda, önceden benimsenen kimi roller gevşemekte, iş ve aile yaşantıları dağılabilmektedir. İnsani yönelişlerin abartılı bir tarzda, özel yaşamın önüne geçmesi ya da özel yaşamın her şeyden daha çok önemsenmesi durumunda yaşanan duygu kaçınılmaz olarak nedeni belli olmayan yoğun bir mutsuzluktur. Bu mutsuzluğu, hoşnutsuzluğu, bireyin uğraştığı veya yaptığı şeylerin, yaptığını hayal ettiği şeylerin önemine ve yararına veya değerine inanma yetersizliği anlamına gelen "varoluşsal nevroz" olarak da görmek mümkündür.

Adlerci bir yorumla diyebiliriz ki; tüm insanlar bir tek amaca, yani üstün olma amacına yönelmiştir. Toplumsal ilgi, bireyin zayıf yanlarını ödünleyici bir işleve sahiptir. Toplumsal ilişkiler ağı kişiliğe biçim verir, üstün olma çabası bu süreçte bireyi mücadeleci kılar. En iyi toplumu kurma tutkusu özel yaşamın kişisel çıkarlarının yerini alır. İnsan toplumsal ilgiyi sonradan edinmez, ona doğuştan sahiptir. Refik'in bu ilgisi dengelenemediği için başına dert olmuştur.

Ömer, toplumsal ilgi bakımından Refik'in tam karşıtı bir karakter olarak karşımıza çıkar. Bütün ilgisi toplumdan çok kendi çıkarlarına dönüktür. Başkalarının hiçe sayıldığı böylesi durumlarda insanın mutlu olamadığı görülmektedir. Ömer, ne kadar "ben bir fatihim" deyip dursa da ayakta kalamamakta, kalsa bile aşırı zorlanmakta, bunalmakta ve mutsuz olmaktadır.

Anlam arayışının bitmeyen bir süreç olduğu, roman karakterlerinin yaşamları göz önünde bulundurulduğunda bir kez daha doğrulanmaktadır. Yaşanan ya da aranan anlamlar, zamana, o anki koşullara, olanak ya da olanaksızlıklara, bireyin gelişen kişilik ve kültür arşivine bağlı olarak değişmektedir. Daha doğrusu kendi süreci içerisinde yenilenmekte, gelişmekte ya da gerileyebilmektedir.

Anlam sorunu, mutluluk arayışıyla da doğrudan ilgili görünmektedir. Özetle şöyle bir görüş yanlış olmayacaktır: Anlam yoksa mutluluk da yoktur. Anlamın ne olduğu konusu bireyden bireye farklılık gösterdiğinden, nasıl bir anlam içinde yaşanması gerektiği sorunu da son derece tartışmalıdır. Çünkü anlam insandan insana ve an be an değişir. Bu nedenle yaşamın anlamı tek bir içerikle genellenemez. Hayatta ne kadar insan varsa o kadar mutluluk ve anlam arayışı vardır ve hepsi de kendine göre az çok doğrudur. Bu gerçek, roman karakterlerinin yaşamında da açıkça görülmektedir. Refik toplumu kalkındırmak uğruna özel yaşamında birçok sorun yaşarken kendi yaptığı işin önemine ve değerine inandığından mutludur; en azından mutluluk yolunda ilerlediğine, yaşamını boşa geçirmediğine inanmakta ya da inanmaya çalışmaktadır. Çevresinde bulunan birçok kişiye göre ise böyle bir ideal uğruna yaşamak saçmadır. Ancak bu saçma (!) şeyin rüzgârı öyle güçlüdür ki, Refik'in bütün yaşamını altüst eder.

Anlam eksikliği ya da yokluğu en önemli varoluşsal stres kaynaklarının başında gelmektedir. Bir anlam olmaksızın yaşamak zorunda kalmak insan için belki de olası felaketlerin en büyüğüdür. Şair olma çabası içindeki Muhittin'in yaşamını göz önüne aldığımızda bunu açıkça görmek mümkündür. Anlam bulanıklığı yüzünden sonunda Muhittin intiharı düşünecek kadar kendini kötü hisseder.

Benimsenen anlamın yaşlılık, hastalık gibi bir takım doğal nedenlerden dolayı yaşanamaması durumunda da insan kendini mutlu hissedememektedir. Buna örnekse Cevdet Bey'in yaşamıdır. Yaşlılık yüzünden bir süre sonra Cevdet Bey kendini büyük bir boşluk içinde bulur. Çok önemsediği işini; yani hayatına anlam veren en önemli şeyi oğullarına devredince, yaşamını ayakta tutan bir güç, içinden çıkıp gitmiş gibi olur. İçine düştüğü ve o güne kadar hiç tanımadığı bu gerilimden, değersizlik duygularından kurtulabilmek için yeni bir anlam ve amaç arayışı içine girer.

2. Erkek Egemen Değerlerle Yüklü Türk Toplumunda Anlam Arayışı Bağlamında Kadın Sorunu

Dikkat edileceği üzere bütün örneklerimiz, erkek karakterlerin yaşamı göz önünde bulundurularak verilmektedir. Buna neden olan şey kadının roman içindeki durumudur. Çünkü kadın karakterler genel olarak anlam arayışı sorununun dışında tutulmuştur. Her şeyden önce onlar, iyi bir eş, anne ya da sevgili olarak karşımıza çıkarlar. Anlam arayışları -ya da yaşamakta oldukları anlamlar- risksiz bir hayat arayışıyla doğrudan ilintili görülür. Daha evcil bir yaşam anlamları vardır. Evcil olmayan anlam arayışları daha çok erkeklere özgüdür. Kadınlar esas olarak "dıştan denetimli" kişiler olarak ele alınmıştır denebilir. Dıştan denetimli bireyler dışarıdan gelen baskılara daha kolay boyun eğer. Uzun yıllar erkeğin evin efendisi ve tek hâkimi olarak görülmüş olması kadının dışsal denetim içinde var olmasına neden olmuş olabilir. Bu duruma, aynı zamanda kadının öğrenilmiş çaresizliğidir de denebilir.

Kadının anlam arayışı sorununa romanda neden yeteri kadar yer verilmiyor? Bu durumda eleştiri oklarını yazara mı, yoksa topluma mı çevirmemiz daha doğru olur? Sanatsal üretim uzmanları da dahil olmak üzere hiç kimse toplumdan ayrı, tek başına birey değildir. Birey ve toplum, her durumda karşılıklı etkileşim halindedir ve bu yapı içerisindeki toplum olduğundan fazla bir şeydir. Kadının, roman bütünlüğü içinde, genellikle pasif konumda bulunuşu aslında toplumsal değer yargılarımızın, erkek egemen ve cins ayırımcı bir toplum ve dünya düzeni kurmuş olmamızın da bir sonucudur. Öteden beri özgürlük, eşitlik, karşılıklılık gibi kavramlar en çok üst ekonomik düzeyde ve genellikle de erkekler söz konusu olunca geçerli olmuştur. Birçok alanda bugün, kadın bakış açısının her alanda dışlanması, ahlakın ya da kültürün kör noktası olmakla kalmayıp epistemolojik bir yanlış içinde bulunduğumuzun da bir göstergesidir.

3. Ticaret Devlet ve Batılılaşma Anlayışının Anlam Arayışına Etkisi

Erkek yaşamlarına sıklıkla konu olan, anlam arayışlarına etki eden önemli olgulardan biri de ticarettir. Ticaret, Batılılardan öğrenilmiş bir iş olarak karşımıza çıkar. Gelişen süreçte ticari faaliyetler, özellikle de okumuş çevrelerde zenginleşmenin, daha iyi bir hayat yaşayabilmenin en kısa yolu olarak algılanmaya başlar. Ekonomik anlamda durumları daha iyi olan karakterlerin toplumsal ilgi düzeyleri daha düşüktür. Ömer, Osman, Osman'ın çocukları, Ayşe'nin kocası bu açıdan ele alınabilir. Romanda bunun yanısıra, haksız ticaret ve rüşvet yoluyla para kazanan birtakım adamlardan ve milletvekillerinden söz edilmektedir. Anlaşılan odur ki, ticari uğraş ya da para kazanma arzuları çok da dürüstçe bir temel üzerinden gerçekleştirilmemektedir. Osmanlı'nın, Hıristiyan azınlıkların işi olması dolayısıyla hoşlanmadığı ticari uğraş, Cumhuriyet dönemiyle birlikte yavaş yavaş benimsenmeye başlanmış, ancak ticari ahlak, devlet güç ve yetkisinin bu bağlam içinde adaletli kullanımı konusunda Batılı anlamda yeterli başarı elde edilememiştir.

Ticaret, Cevdet Bey, Osman ve Ömer gibi karakterlerin hayatında toplumsal ilgi yoksunluğunun da bir nedeni gibi görülmektedir. Özellikle Ömer'in ticaretten buna bağlı olarak da hayattan beklentileri sonsuzdur. Muhtar Bey, yaşamının bir döneminde, bunca yıl bir milletvekili olarak halka hizmet ettiği için adeta pişman olur. Daha kaygısız, daha mutlu bir hayat sürmek için zamanında bazı arkadaşları gibi ticaretle uğraşmadığından yakınır. Benzer bir durum Ziya'nın yaşamı için de söz konusudur. O da ticaretle uğraşmadığına yıllar sonra pişman olur.

Devlet görevlileri, genellikle halka hizmet etmenin onuru içinde yaşamazlar. Devlet, birçok karakter tarafından kirli ilişkilerin, adam sendeciliğin, yalanın, dolanın, halk sömürüsünün bir aracı gibi algılanmaktadır. Bu tespite uymayan tek ismin inkılapçı yazar Süleyman Ayçelik olduğu söylenebilir.

Bir diğer önemli konu da kadınların ticaretle uğraşan erkekleri nasıl gördüğüdür. Nigan Hanım, ailesine maddi hiçbir sıkıntı yaşatmadığı için görücü usulüyle evlendiği kocasından çok memnundur. Ticaretle uğraşıp evi geçindirdiği için aynı şekilde Osman'dan da şikayetçi olmaz. Refik içinse sürekli kaygılanmaktadır. Ayşe, kemancı sevgilisinden ailesinin isteği üzerine ayrılmıştır. Daha sonra kendine, ailesinin de istediği gibi ticaretle uğraşan, varlıklı bir eş seçer. Nermin, kocası tarafından aldatıldığı halde hiçbir zaman evini terk etmeyi, boşanmayı düşünmemektedir. Perihan'sa para ve aile işlerinden daha çok toplumsal sorunlara kafa yoran kocası Refik'ten birçok bakımdan şikayetçidir. Daha fazla bu duruma dayanamayarak eşinden ayrılır.

Ticaretle uğraşan erkeklerin evlilikleri şöyle ya da böyle devam eder. Başlangıçta, nişanlısı tarafından önemsenen Ömer henüz evlenmemiştir. Evlenmeleri gecikince Nazlı onu değil, o Nazlı'yı bırakır. Sosyal konulara kafa yoran karakterlerin karşı cinsle olan ilişkileri, diğer karakterlerin ilişkileriyle karşılaştırıldığında daha kötüdür. Sosyal olayları yaşamının merkezine yerleştirmiş görünen Nusret'in de karşı cinsle olan ilişkileri iyi gitmemektedir. Kadın ilişkileri konusunda başarısız olan bir diğer isim de Muhittin'dir. O da sosyal hayatın değişim ve dönüşümlerini önemsemektedir.

Nusret, Refik, Muhittin, Ahmet dördü de üniversite eğitimi almıştır. Paradan çok kafaları sürekli sosyal sorunlarla meşguldür. Cevdet Bey, Osman, Ömer üçlüsün de ise durum biraz farklıdır. Cevdet Bey'le Osman'ın eğitim düzeyi düşüktür. Ömer, onlardan farklı olarak üniversite okumuştur. Ticaret yapmaktaki amacı yalnızca para kazanmak ve her şeye sahip olmaktır. Üç karakterin, üçünün de toplumsal sorunlara karşı yeteri kadar duyarlı olmadığı görülür. Para kazanmayı topluma hizmet etmekten daha çok önemsiyor görünen ya da belli bir yaştan sonra bu fikre inanan karakterlerin başında ise Milletvekili Muhtar Bey'le, Asker Ziya yer almaktadır. Meclise, daha çok eşraftan ya da ağalık düzeninden gelen, eğitim ve görgü düzeyi düşük bir kesim hakimdir. Bunların da derdi halka hizmetten daha çok, bir yolunu bulup, kısa yoldan zengin olmaktır. Bütün bu karakterlerle Nusret, Refik, Muhittin ve Ahmet'in yaşamını kıyasladığımızda şöyle bir sonuçtan söz edilebilir: Toplum için bir şeyler yapmak isteyen aydın insanların hayat anlamı arayışı, diğer karakterlerinkiyle karşılaştırıldığında bu sürecin çok daha çalkantılı olduğu görülmektedir.

Birçok karakterin anlam arayışı sorununa rengini veren önemli ögelerden biri de Batılılaşma özlemidir. Nusret, Cevdet Bey, Ömer, Refik, Osman, Muhittin -daha sonra değişse de başlangıçta o da diğerleri gibidir-başta olmak üzere temel ve yan karakterlerin çoğu bu izlek doğrultusunda yaşamına yön vermekte ya da yön vermek istemektedir. Karakterlere özgü Batılı değerlerle, Doğulu değerler bu yüzden sürekli çatışma halindedir. Bunun sonucu olarak da bir takım kimlik ve kişilik sorunları yaşanır. Batılı olma özlemleri, Doğulu özelliklerin görmezden gelinmesine, hatta reddine yol açmaktadır. Bu da söz konusu karakterlerin iki kimlik arasında bocalamasına neden olur. Özellikle ikinci bölümde, Cumhuriyettin de benimsediği Batılı değerlerin kültür şoku yaşanmaktadır. Toplumsal hayattaki değişiklikler yaşamın yeniden projelendirilmesini, gözden geçirilmesini, mevcut koşullar içinde yeniden yapılandırılmasını zorunlu kılmaktadır. Bütün bunların sonucu olarak da yaşanan ya da yaşanılmaya çalışılan hayat anlamlarının içeriği farklı bir boyut kazanmaktadır.

4. Anlam Arayışına Etki Eden Ussal ve Duygusal Süreçler

Kadın ve erkek karakterlerin önemli özelliklerinden biri de duygudan daha çok mantık evliliğini önemsiyor olmalarıdır. Ussal beraberlikler, bütün ilişkilerin ve anlam arayışlarının en önemli ögelerinden biri olarak karşımıza çıkar.

Ele alınan isimlerin tamamı kent ortamında -ki, toplumsal ve siyasal dönüşümlerden en çok ve en hızlı bu insanlar etkilenmektedir- yaşamaktadır. Genelde bütün karakterler kentte, yani İstanbul'da doğup büyümüştür; en azından öyle oldukları anlaşılmaktadır. Kentli olmanın bir sonucu olarak da hepsinin feodal değerlerle olan ilişkileri daha esnektir. Kültürel gelişim özellikleri bakımından, birbirine oldukça yakın özellikler gösterirler. Sosyoekonomik ve sosyokültürel özellikleri bakımından toplumun diğer kesimlerinden ayrılırlar. Sınıfsal ve kentsel konumları itibariyle yaşamları, bir geçiş toplumunun bütün sıkıntılarını yansıtmaktadır. Örneğin hiçbir karakterde abartılmış bir tanrı inancı yoktur. Tanrı ve din konusu zaman zaman, içsel hesaplaşmalar yoluyla gündeme getirilir. Her şeyin tanrının denetiminde olduğu görüşünden şüphe duyulur. Birçok karakter, toplumsal anlayışlara ve değer yargılarına körü körüne inanmamaktadır. Aksine bu tür anlayışlarla mücadele edilmektedir. Benimsenen toplumsal değerler esnetilmiş ve halen de esnetilmeye çalışılmaktadır. Örneğin Ömer, nihilizm ölçüsünde birçok toplumsal anlayışı, kültürel kalıpları reddetmektedir. Öyle ki, bir ırk olarak kendi kimliğine bile başkaldırmaktadır.

Zaman zaman, us kadar, anlam arayışlarına, duyguların da yoğun olarak etki ettiği gözlerden kaçmamaktadır. Bu çerçevede karşımıza çıkan en önemli kavramsa milliyetçiliktir. Çünkü koyu bir milliyetçilik akıldan daha çok, duygu bağıntıları yoluyla kavranabilen us dışı bir anlayıştır. Hiçbir milletin insan olma ve gelişme potansiyeli bakımından başka bir milletten geri olmadığı görüşü, bugün bütün bilim çevrelerince de benimsenmektedir. Yalnızca bir tek ırkın -kendi ırkının- üstün olduğu iddiasında bulunmak, diğer toplumları aşağılamak, ya da onlardan öğrenilecek hiçbir şeyin olmadığını iddia etmek, bunun için güç ve zaman harcamak ancak, akılla bağı kesilmiş aşırı bir duygusallığın sonucu olsa gerektir. Yaşamlarına bu doğrultuda yön veren karakterlerin anlam arayışına bu yüzden akıldan daha çok duyguların yön verdiğini söylemek yanlış olmayacaktır. Neden duygular bazen aklın önüne geçmekte ve onu devre dışı bırakmaktadır? Bireyin çocukluk yaşamına ilişkin kötü deneyimleri, kişilik gelişimi sürecinin yanlış ana-baba tutumu ve yanlış toplumsal değerler yüzünden sekteye uğraması bu yanlış yönelişin önemli nedenleri arasında sayılabilir.

Anlam arayışı sorununa duyguların egemen olması ne kadar yanlışsa, yalnızca aklın egemen olması da bir o kadar yanlıştır. Psikolojik çözümlemeler göstermiştir ki; insan hiçbir zaman yalnızca akıl yoluyla mutlu olamamaktadır. Daha sağlıklı ilişkiler ve yaşantılar kurabilmek için duyguların akılla paralel bir şekilde gelişmesi ya da tamamen akıl dışı kalmaması gerekmektedir. Bunun en önemli nedeni ise insanın rasyonel özelliklerle, irrasyonel özellikleri bir arada barındıran bir varlık olmasıdır. Anlam sorunu bu iki temelin üzerine dengeli bir şekilde oturtulamadığı müddetçe kişisel -bunun bir sonucu olarak da toplumsal- bir mutluluktan söz edilemeyecektir. Böyle bir denge içinde yaşayabilmenin ön koşulu ise ancak demokrasi içerisinde gelişebilen empatik bir toplum anlayışıdır. Empatik olmayan toplumlarda bireyin kendini, rasyonel ve irrasyonel özellikleri içinde dengeli bir şekilde var edebilmesi mümkün değildir. Bütün karakterler aslında bu dengeyi aramakta, ancak empati kurma yeteneği düşük bir toplumda yaşadıkları için bunu bir türlü başaramamaktadırlar.

5. Öğrenilmiş Çaresizlik İçerisindeki Kadının Anlam Arayışı

Tekrar kadın karakterlere dönecek olursak... Romana konu olan kadınların hemen hemen tamamı toplumsal rolleri neyi gerektiriyorsa o doğrultuda hayatlarını sürdürmektedir. Yaşamlarında katlanamadıkları bir boşluk varsa bile bundan kurtulmak için bir çaba göstermezler. Daha doğrusu bu konuda hemen hemen hiçbir şey söylememektedirler. Tespit ettiğimiz bu gerçek, daha çok yaşam tarzlarının içeriğinden anlaşılmaktadır. Toplumsal gelişmeleri, yenilikleri benimsemiş görünseler de zihinsel süreçleriyle dönüşen hayat içerisinde yer almazlar.

Erkekler, varoluşlarına mantıklı bir neden, anlam ve amaç ararken, kadınlar yalnızca onların yanında durur; ellerinden geldiği kadar onlara yardımcı olmaya çalışırlar. Çünkü, romanın gerisindeki kalem, onları fazla konuşturmamakta, kadının iç dünyasına -en azından erkek karakterleri anladığımız kadar- girmemize izin vermemektedir. Buna neden olan şey, hala her alanda erkek ağırlıklı, feodal kalıntılar içinde yaşayan bir toplum olmamız mıdır? Roman, bu yönüyle bir bakıma, erkek egemen toplumun, her konuda kadını örtme, silikleştirme çabalarına aracılık etmektedir. Yazar, nasıl ki sanat yoluyla toplumun bir kesitine, -rengini ve ölçütlerini kendisinin belirlediği- bir ayna tutmuşsa, ortaya çıkan sanatsal ürün de kendi oluşumu içinde yazara bir ayna tutmuştur. Bu aynada yansıyan görüntü ise bize şunu demektedir: Bu roman, erkek merkezli bir toplumun, erkek ağırlıklı bir sanat ürünüdür. Çünkü romanda hayatlarını daha anlamlı yaşamaya çalışan, bunun için bir şeyler yapmak isteyen kadın sayısı yok denecek kadar azdır. "Hayatta ne yapılmalı?" sorusunun muhatapları hep erkeklerdir. Toplum tarafından şekillendirilme düzeyleri yüksek tutulan kadınlar -genel olarak insanlar- tarihsel süreci kadın erkek ilişkileri bakımından yeteri kadar değerlendiremezler. Çünkü yaşantıları ve yaşantılarına yön veren düşünceleri doğrudan toplumsal denetim mekanizmalarının etkisi altındadır. Öğrenilmiş bir çaresizliğin de etkisiyle gerçek benliklerini arama çabası içinde olmadıklarından ya da olamadıklarından zihinsel ve ruhsal anlamda kendilerini özgür kılamazlar. Düşünce ve davranış olarak kendilerine ait gördükleri her şey aslında toplumsal bir kopyalamadır. Bu yüzden kendilerini yeniden üretme ya da var etme konusunda yeterli yaratıcı duyarlılığı gösteremezler. Toplumun gerçeği bu bağlamda romanın da gerçeğidir.

Günümüzde, teknoloji, tıp, siyaset, eğitim ve daha da birçok alan hızlı bir değişim süreci içerisindedir. Dün olduğu gibi bugün de bu süreçte ağırlıklı olarak erkeklerin yer aldığı söylenebilir. Günümüzde de kadının bu durumunu gözler önüne seren, sosyoloji ve siyaset bilimi alanında, toplumların inşası işinin erkeklere özgü bir iş olduğunu iddia eden, klasikleşmiş birçok yapıt bulunmaktadır.

6. Marksist İdeolojiyi Silikleştirme Çabaları ve Özel Olma Miti

Önemli bir konu da yapıta damgasını vuran ideolojik tutumdur: Refik'in ve onun çevresindekilerinin yaşantıları yoluyla zaman zaman romanda Marksist İdeolojinin geçersizliğine ilişkin, yetersiz açıklamalar yapılır. Bu yorumlarda bulunanlar -Refik ve Ayçelik- Ahmet ve Hasan hariç diğer erkek karakterlerin tümünü aynı anlayış içinde görmek mümkün. Bu karakterler, esas olarak burjuva devlet anlayışını kabul etmiş kişilerdir. Bu kişiler aracılığıyla Marks'ın ideolojisinde somutlaşan bazı toplumsal gerçekler hasır altı edilmeye çalışır.

Yapıta konu olan karakterlerin birçok bakımdan -toplumsal, siyasal, ruhsal- birbirlerine yakın karakterler olduğu da dikkatlerden kaçmamaktadır. Sırayla sayacak olursak, Nusret, Cevdet Bey, Ömer, Refik, Muhittin gibi ana karakterlerin çoğu başkalarından farklı, çok özel biri olduklarına inanırlar. Nusret, Refik, Muhittin, Ömer, bilinçli düzeyde yani, varoluşsal anlamda ölüm gerçeğinin farkına varmışlardır. Roman boyunca gözlenen hayat anlamı sorunu iki şekilde karşımıza çıkar: Ticaretle uğraşmak ya da toplum için yararlı bir şey yapmak. Birçok erkek karakter bu iki seçenek arasında gidip gelmektedir.

7. Zıt Kişiliklerle Özdeşleşme ve Toplumsal Yabancılaşma

Kimi karakterlerdeki ortak özellik de nefret edilen birine benzemeye çalışmaktır: Ömer, Kerim Naci Bey'den, Muhittin, Altaylı'dan nefret eder. Bütün amaçları ise esas olarak onlar gibi olmaktadır. Özellikle iki karakter; Ömer'le Cevdet Bey evliliği toplumsal bir kariyer aracı olarak görmektedir. Bu yüzden de toplumsal statüleri kendi statülerinden daha yüksek olan kişilerle evlenmek isterler. Muhittin'le Ömer'se aşırı bir hırs içinde olmaları nedeniyle birbirlerine benzer. Ömer, her şeye sahip olmak için gerekiyorsa can yakacaktır, Muhittin'se iyi bir şair olmak için günaha batmayı düşünmektedir. Yine birçok karakterin; Nusret, Ömer, Muhittin, Refik, Cevdet Bey, Osman ve diğer yan karakterlerin toplumla olan empati düzeyleri son derece düşüktür. Toplum, onlara göre oldukça geridir ve kim olduğunu ne yaptığını ve ne yapmak istediğini bilmemektedir. Bu yüzden de çoğu topluma benzemek istememektedir. Kendi toplumsal kimliklerine karşı aşırı bir eleştiri ve hatta nefret içindedirler. Özellikle Refik'le Ömer, ruhlarının bu toplumun ruhuyla uyuşmadığını düşünmektedir. Bu açıdan bazı karakterlerin narsist bir özellik gösterdiği söylenebilir. Narsist kişilerin en belirgin özelliği toplumla uyuşamayışlarıdır. Bu uyuşmazlık ayrıca onların bir yabancılaşma süreci içinde bulunduğunu da gösterir.

KAYNAKLAR

Adler, Alfred (1995). İnsan Tabiatını Tanıma. Çeviren: Aydan Yörükan, İş Bankası Kültür Yayınları.

—————. (1990). Çağımızın Nevrotik Kişiliği. Çeviren: Selçuk Budak (1.Baskı). İstanbul: Ekin Yayınevi.

—————.(1997). Yaşamın Anlam ve Amacı. Çeviren: Kamuran Şimal. (3.Baskı). İstanbul: Say Yayınları.

Akarsu, Bedia (1997). Çağdaş Felsefe (2.Baskı). İstanbul: İnkılap Kitapevi.

Altınay, Ayşe Gül (2000). Vatan Millet Kadınlar (1.Baskı). İstanbul: İletişim Yayınları.

Altuğ, Taylan (1989). Kant Estetiği (1.Baskı). İstanbul: Payel Yayınları.

Ankay, Aydın (1998). Ruh Sağlığı ve Davranış Bozuklukları (2.Baskı). Ankara: Turhan Kitapevi.

Artar, Müge (1993). Okul Öncesi Çocukta Serbest Oyunun Iraksak Düşünce Becerisine Etkisi. Yayımlanmamış Yüksek Lisans Tezi. Ankara: Ankara Üniversitesi.

Atabek, Erdal (1995). Kuşatılmış Gençlik (15.Baskı). İstanbul: Altın Kitaplar Yayınevi.

Benhabib, Şeyla (1999). Modernizm Evrensellik ve Birey (1.Baskı). İstanbul: Ayrıntı Yayınları.

Bozkurt, Necdet (1998). 20. Yüzyıl Düşünce Akımları (2.Baskı). İstanbul: Sarmal Yayınevi.

Buscaglia, Leo (1990) 9 Numaralı Otobüsle Cennet'e. Çeviren: Belkıs Çorakçı (2.Baskı). İstanbul: İnkılap Kitapevi.

Ç.Y.D.D. (1991). Kadınlar ve Siyasal Yaşam (1.Baskı). İstanbul: Cem Yayınları.

Cüceloğlu, Doğan (1997). İnsan İnsana (15. Baskı). İstanbul: Altın Kitaplar Yayınevi

—————. (1999). İnsan ve Davranışı. (9.Baskı). İstanbul: Remzi Kitapevi.

Cömert, Bedrettin (1991). Sanat-Edebiyat Üzerine (1.Baskı). Ankara: Damar Yayınları.

Dökmen, Üstün (1995). "Aile İçi İletişim Çatışmalarının Transactional ve Graph Analiz İle İncelenmesi". A.Ü. Eğitim Bilimleri Dergisi, 18,1-2.

——————(1998). İletişim Çatışmaları ve Empati (7. Baskı). İstanbul: Sistem Yayıncılık.

——————-—(2000). Varolmak Gelişmek Uzlaşmak (2.Baskı). İstanbul: Sistem Yayıncılık.

Dönmez, Ali. (1986). "Denetim Odağı: Temel Araştırma Alanları", Eğitim Bilimleri Fakültesi Dergisi, 19, 1-2.

Engels, Friedrich (1992). Ailenin, Özel Mülkiyetin ve Devletin Kökeni. Çeviren: Kenan Somer (1.Baskı). İstanbul, Sol Yayınları, 1992.

Erikson, H. Erik. (1984). İnsanın Sekiz Çağı. (1.Baskı). Ankara: Birey ve Toplum Yayıncılık.

Erinç, M. Sıdkı (1995). "Eğitsel Bir Etken Olarak Güzel Sanatlar Eğitiminin Geleceği", Sanat Eğitiminin Geleceği, Redaktör: İnci San, Yayına Hazırlayan: Hasan Coşkun, Ankara: Mert Matbaası.

Etike, Serap (1995). Sanat Eğitimi Yazıları (1.Baskı). Ankara: İlke Kitapevi Yayınları.

Fıscher, Ernest (1990). Sanatın Gerekliliği. Çeviren: Cevat Çapan (6.Baskı). Ankara: V Yayınları.

Foulquie, Paul (1995).Varoluşçunun Varoluşu (2. Baskı). İstanbul: Toplumsal Dönüşüm Yayınları.

Frankl, E. Victor (2000). İnsanın Anlam Arayışı Çeviren: Selçuk Budak (7.Baskı). Ankara: Öteki Yayınları.

Freud-Jung-Adler. (1981). Psikanaliz Açıdan Edebiyat. Çeviren: Selahattin Hilav (2.Baskı). Ankara: Dost Kitapevi.

Freud, Sigmund (1983). Psikanaliz ve Uygulama. Çeviren: Muammer Sencer (2.Baskı). İstanbul: Say Yayınları.

——————.(1983). Cinsiyet Üzerine. Çeviren: A.Avni Özdeş. (4.Baskı). İstanbul: Say Yayınları.

——————. (1984). Psikanalize Giriş. Çeviren: Gürsel Koptagel-İlal (3.Baskı) İstanbul: Altın Kitaplar Yayınevi.

——————.(1985). Bir Yanılsamanın Geleceği. Çeviren: H. Zafer Kars (1.Baskı). İstanbul: Kaynak Yayınları.

——————. (1986). Yaşamım ve Psikanaliz. Çeviren: Kamuran Şipal (1.Baskı). İstanbul: Say Yayınları.

——————. (1986). Günlük Yaşamın Psikolojisi. Çeviren: Erdem Öndoğan (2.Baskı). İstanbul: İnkılap Kitapevi, 1986.

——————. (1991). Düşlerin Yorumu 2. Çeviren: Emre Kapkın (1.Baskı). İstanbul: Payel Yayınevi, 1991.

——————. (1991). Düşlerin Yorumu 1. Çeviren: Emre Kapkın (1.Baskı). İstanbul: Bayel Yayınevi.

——————-. Sanat ve Sanatçılar Üzerine. Çeviren: Erkan Çelebi (1.Baskı) İstanbul: Işık Yayınevi.

Erikson, H. Erick (1984). İnsanın Sekiz Çağı. Çevirenler: T. Bedirhan Üstün, Vedat Şar (1.Baskı). Ankara: Birey ve Toplum Yayınları.

Fromm, Erich (1981). Psikanaliz ve Zen Budizm, Çeviren: İlhan Güngören, (3.Baskı) İstanbul: Onur Basımevi.

——————(1982). Hürriyetten Kaçış. Çeviren: Ayda Yörükan (3.Baskı). İstanbul: Tur Yayınları.

——————. (1984). Yeni Bir İnsan Yeni Bir Toplum. Çeviren: Necla Arat, (2.Baskı). İstanbul: Say Yayınları.

——————-.(1994). Kendini Savunan İnsan. Çeviren: Necla Arat (4.Baskı). İstanbul: Say Yayınları.

——————. (1995). Erdem ve Mutluluk, Çeviren: Ayda Yörükan (3.Baskı). Türkiye İş Bankası Yayınları.

——————. (1995). Sevme Sanatı. Çeviren: Yurdanur Salman (1.Baskı). İstanbul: Payel Yayınları.

——————. (1990). Sevginin ve Şiddetin Kaynağı. Çeviren: Yurdanur Salman, Nalan İçten, 5. Baskı, İstanbul: Payel Yayınevi.

Geçtan, Engin (1978). Çağdaş İnsanda Normal Dışı Davranışlar. Ankara: A.Ü. Eğitim Fakültesi Yayınları.

—————. (1981). Psikanaliz ve Sonrası. İstanbul: Hür Yayınları.

—————. (1990). Varoluş ve Psikiyatri (1.Baskı). İstanbul: Remzi Kitapevi.

—————. (1997). İnsan Olmak. 18.Baskı, İstanbul: Remzi Kitapevi.

Gide, Andre (1994). Thesee. Çeviren: Babür Kuzucu (1.Baskı). İstanbul: Toplumsal Dönüşüm Yayınları.

Gökberk, Macit (1980). Felsefe Tarihi (4. Baskı). İstanbul: Remzi Kitapevi.

Gökçe, Orhan (1995). İçerik Çözümlemesi (2.Baskı). Konya: S.Ü. İletişim Fakültesi Yayınları.

Güngören, İlhan (1981). Buda ve Öğretisi (2.Baskı). İstanbul: Yol Yayınları.

Gürses, Fulyave, Gürses Hasan Basri (1997). Dünya'da ve Türkiye'de Gençlik (2.Baskı). İstanbul: Toplumsal Dönüşüm Yayınları.

Horney, Karen (1990). Çağımızın Nevrotik Kişiliği. Çeviren: Selçuk Budak (1.Baskı). Ankara: Ekin Yayınevi.

Jaspers, Karl (1997). Felsefe Nedir? Çevren: İ.Zeki Eyuboğlu (3.Baskı). İstanbul: Say Yayınları.

Kafka, Franz (1994). Ceza Sömürgesi. Çeviren: A.Turan Oflazoğlu (1.Baskı). İstanbul: Toplumsal Dönüşüm Yayınları.

—————. (1995). Bir Köpeğin Sorguları. Çeviren: Mehmet Doğan (2.Baskı). İstanbul: Toplumsal Dönüşüm Yayınları.

Kavcar, Cahit (1982). Edebiyat ve Eğitim. Ankara: A.Ü. E.B.F. Yayınları.

Kierkegaard, A. Soren (1997). Ölümcül Hastalık Umutsuzluk. Çeviren: Mehmet MukadderYakupoğlu (1.Baskı). İstanbul: Ayrıntı Yayınları.

—————————-. (1990). Korku ve Titreme. Çeviren: N. Ekrem Düzen (1.Baskı). İstanbul: Ara Yayıncılık.

Köknel, Özcan (1992). İnsanı Anlamak. (1.Baskı). İstanbul: Altın Kitaplar, 1986.

Kuçuradi, İoanna (1998) İnsan ve Değerleri. 1.Baskı, Türiye Felsefe Kurumu.

Kula, O. Bilge (1992). Demokratikleşme Süreci ve Eleştirel Kültür Bilinci. (1.Baskı). Ankara: Ayrıntı Yınları.

Mardin, Şerif (1999). Jön Türklerin Siyasi Fikirleri (1895-1908) (6. Baskı). İstanbul: İletişim Yayınları.

May, Rollo (1991). Yaratma Cesareti. Çeviren: Alper Oysal (3.Baskı). İstanbul: Metis Yayınları.

Mengüşoğlu, Takiyettin (1988). İnsan Felsefesi. (2.Baskı). İstanbul: Remzi Kitapevi.

Meray, Seha L. (1982). Toplum Bilim (1. Baskı). İstanbul: Hil Yayın, 1982.

Murphy, W. John (1995). Postmodern Toplumsal Analiz. Çeviren: Hüsamettin Arslan (1.Baskı). İstanbul: Etik Kitapları.

Moran, Berna (1985). Edebiyat Kuramları ve Eleştiri (7.Baskı). İstanbul: Cem Yayınevi.

—————————. (1994). Türk Romanına Eleştirel Bir Bakış (1.Baskı) İstanbul: İletişim Yayıncılık.

Naar, Ray (1993). Grup Psikoterapisine İlk Adım Çeviren: Nesrin Hisli Şahin (1.Baskı). Ankara: İmge Kitapevi.

Nelson-Jones, Richard (1982). Danışma Psikolojisi Kuramları. Çevirenler: Füsun Akkoyun, Veli Duran, Süleyman Doğan, Berrin Eylem, Fidan Korkut. Cassel Educational Limited.

Nietzsche, Friedrich (1983). Ecce Homo. Çeviren: Can Alkor (2.Baskı). İstanbul: Dost Yayınları.

—————————-. (1995). Tarih Üstüne. Çeviren: İ.Zeki Eyüboğlu (2.Baskı). İstanbul: Toplumsal Dönüşüm Yayınları.

Onur, Bekir (1981). Gelişim Psikolojisi (2. Baskı). Ankara: V yayınları.

Özdoğan, Berka (1988). Çocuk ve Oyun Terapisi (1.Baskı). Ankara: Yargıçoğlu Matbaası.

Plehanov, George V. (1987). Sanat ve Toplumsal Hayat. Çeviren: Selim Mimoğlu (3.Baskı). İstanbul, Gümüş Basımevi.

Poole, Ross (1993). Ahlak ve Modernlik. Çeviren: Mehmet Küçük (1.Baskı). İstanbul: Ayrıntı Yayınları.

Read, Herberd (1981). Sanat ve Toplum. Çeviren: Selçuk Mülayim (1.Baskı) Ankara: Umran Yayları.

Reıch, Wılhelm (1989). Kişilik Çözümlemesi. Çeviren: Bertan Onaran (2.baskı). İstanbul: Payel Yayınları.

Rosenau, P. Marie (1998). Post-Modernizm ve Toplum Bilimler. Çeviren:Tuncay Birkan. (1.Baskı). Ankara: Ark Yayınları.

Rousseau, J.J. (1986). İnsanlar Arası Eşitsizliğin Kaynağı ve Temelleri Üzerine Konuşma. Çeviren: Rasih Nuri İleri (3.Baskı). İstanbul: Say Yayınları.

Russell, Bernard (1990). İktidar. Çeviren: Mete Ergin (1.Baskı). İstanbul: Can Yayınevi.

——————————. (1994). Varoluşçunun Bunalımı. Çeviren: Türkan Araz (1.Baskı). İstanbul: Toplumsal Dönüşüm Yayınları.

——————————. (1996) Sorgulayan Denemeler. Çeviren: Nermin Arık (6.Baskı) Ankara: Tübitak Yayınları.

San, İnci (1983). Saat Eğitimi Kuramları (1.Baskı). Ankara, Tan Yayınları.

——————————. (1992). "Evrim içinde Sanat Eğitimi Politikaları", A.Ü. Eğitim Bilimleri Fakültesi Dergisi, 25,2, 652.

Sartre, J. Paul. (1988). Bulantı. Çeviren: Nazım Aslan (1.Baskı). İstanbul: Can Yayınları.

——————————. (1989). Sözcükler. Çeviren: Bertan Onaran (3.Baskı). İstanbul: Payel Yayınları.

——————-. (1990). Varoluşçuluk. Çeviren: Asım Bezirci (10.Baskı). İstanbul: Say Yayınları.

—————-. (1991). Akıl Çağı. Çeviren: Gülseren Devrim (1.Baskı). İstanbul: Cem Yayınları.

—————-. (1994). Hür Olmak. Çeviren: Emin Türk Eliçin (2.Baskı). İstanbul: Toplumsal Dönüşüm Yayınları.

—————-. (1994). Baudelaire. Çeviren: Sait Maden (1.Baskı). İstanbul: Toplumsal Dönüşüm Yayınları.

Sayıl, Işık (1987). Acil Psikiyatri (1.Baskı). Ankara: A.Ü. Basımevi.

Sennett, Richard (1996). Kamusal İnsanın Çöküşü. Çevirenler: Serpil Durak, Abdullah Yılmaz (1.Baskı). İstanbul: Ayrıntı Yayınları.

Sever, Sedat (1991). "Dil ve Edebiyat Öğretiminde Yaratıcılık. Eğitimde Nitelik Geliştirme" Eğitimde Yeni Arayışlar 1. Sempozyum'una sunulan bildiri. Eğitimde Nitelik Geliştirme "Eğitimde Arayışlar" 1. Sempozyumu Bildiri Metinleri. s.371-374

—————. (1996). "Demokratik Kültür Bilinci Edimi Sürecinde Dil ve Edebiyat Öğretimi" A.Ü. Dil Dergisi. s.2-6

—————(2001). "Mo'nun Gizemi'nin Yazınsal ve Eğitsel Özellikleri. Roman Kahramanı Fadiş'in Doğumunun 30. Yılında Çağdaş Türk ve Gençlik Edebiyatı Yazarı Gülten Dayıoğlu ve Yazını Ulusal Sempozyumu. Osman Gazi Üniversitesi Fen Edebiyat Fakültesi Karşılaştırmalı Edebiyat Bölümü Yayınları. s.137-149

Shayegan, Daryush (1993). Yaralı Bilinç. Çeviren: Haldun Bayrı (2.Baskı). İstanbul: Metis Yayınları.

Spınoza, Baruch (1964). Etika. Çeviren: Hilmi Ziya Ülken (2.Baskı). Milli Eğitim Yayınevi.

Steven Best ve Dauglas Kellner (1998). Postmoder Teori. Çeviren:Mehmet Küçük (1.Baskı). İstanbul: Ayrıntı Yayınları.

Storr, A. (1992). Yaratma Dürtüsü. Çeviren: İpek Babacan (1.Baskı). İstanbul: Yayınevi Yancılık.

Tezcan, Mahmut. (1984). Sosyal ve Kültürel Değişme. Ankara: A.Ü. E.B. F. Yayınları.

————————. (1991). Gençlik Sosyolojisi Yazıları (1.Baskı). Ankara: Gündoğan Yayınları.

Türk Dil Kurumu. (1988). Türkçe Sözlük (Yeni Baskı). Ankara: Türk Tarih Kurumu Basım Evi.

Voltaire. (1994). Kandid Ya da İyimserlik. Çeviren: Server Tanilli (3.baskı). İstanbul: Cem Yayınevi.

Wahl, Jean (1999). Varoluşçuluğun Tarihçesi. Çeviren: Bertan Onaran (1.Baskı). İstanbul: Payel Yayınları.

Weber, J. Paul (1993). Sanat Psikolojisi. Çeviren: İlhan Cem Erseven (1.Baskı). Ankara: Karşı Yayınları.

Yalom, Irvın (2000). Varoluşçu Psikoterapi. Çeviren: Zeliha İyidoğan Babayiğit (2. Baskı). İstanbul: Kabalcı Yayınevi.

————————. (2002). Bağışlanan Terapi, Çeviren: Zeliha İyidoğan Babayiğit (1. Baskı). İstanbul: Kabalcı Yayınevi.

Yenişehirlioğlu, Şahin Felsefe ve Diyalektik (3.Baskı). Ankara: Alkım Yayınevi.

————————. Felsefe ve Sanat (1.Baskı). Ankara: Alkım Kitapçılık Yayıncılık.

Yetkin, Suat Kemal (1979). Estetik ve Ana Sorunları (1.Baskı). İstanbul: İnkılap ve Aka Basımevi.

Yetişken, Hülya (1991). Estetiğin ABC'si (1.Baskı). İstanbul: Simavi Yayınları.

Yörükoğlu, Atalay (1984). Aile ve Çocuk (2.Baskı). Ankara: Aydın Kitapevi Yayınları.

Yücel, Hasan Ali. (1978). İyi Vatandaş İyi İnsan (4.Baskı). Ankara: Türkiye İş Bankası Yayınları.

Yücel, Tahsin (1991). Eleştirinin ABC'si (1.Baskı). İstanbul: Simavi Yayınları.

Zelinski, Z.. (1978). Sovyet Edebiyatı. Çeviren: Funda Savaş (1.Baskı). İstanbul: Konuk Yayınları.